LA SCELTA

*COME CREARE UNA RENDITA
SENZA LASCIARE IL TUO LAVORO*

Percorso verso la libertà finanziaria

MARIO TARDIOTA

Proprietà letteraria riservata dell'autore

ISBN 979-85-3229-298-7

Prima edizione: agosto 2021

Questa pubblicazione nasce per supportare il lettore nelle scelte di vita. Si raccomanda, comunque, la consulenza di un legale o di un esperto fiscale prima di intraprendere le azioni consigliate, in quanto le leggi potrebbero cambiare o non essere adatte al caso specifico. Si respinge qualunque responsabilità derivante dall'uso o dall'applicazione dei contenuti di questo libro.

Copertina di Paolo Fiusco PH – Creative Image Lab

A Simona e Sofia

Sommario

1 Introduzione 1

2 Diversificare le fonti di reddito 8

    2.1   *Cos'è la ricchezza?* 8

    2.2   *Potresti lasciare il tuo lavoro domani?* 14

    2.3   *Compleanni, social e tempo libero* 19

    2.4   *Libertà finanziaria e cashflow* 22

    2.5   *Acquisto di immobili da investimento* 26

    2.6   *Era il momento giusto* 30

3 Gli elementi oggettivi negli investimenti 34

    3.1   *Debito e leva finanziaria* 34

    3.2   *Risparmio fiscale* 42

    3.3   *Determinazione di attivo o passivo* 46

    3.4   *Elementi da valutare nell'acquisto* 54

    3.5   *Soluzioni creative* 65

    3.6   *I cicli economici* 73

4 Gli elementi soggettivi negli investimenti 79

    4.1   *Atteggiamento mentale* 79

    4.2   *Il potere delle abitudini* 83

    4.3   *Forma mentis e pensiero* 90

    4.4   *Passione e lavoro. Il genio e le pressioni* 95

4.5	*Grinta e perseveranza*	103
5	Conclusioni	109
6	Ringraziamenti	111
7	Un saluto speciale	114
8	Sull'autore	115
9	Bibliografia	116

1 Introduzione

Ero ad un concerto di Ligabue. Ad un certo punto disse: *Quando una canzone cessa di essere di chi l'ha scritta, o di chi l'ha ricevuta in dono, per diventare patrimonio di tutti?*

La canzone in questione era *Il giorno di dolore che uno ha*, dedicata al suo amico Stefano Ronzani, che si ammalò gravemente: era stata scritta con un preciso significato e scopo, *ma chiunque la sentiva la interiorizzava*, rivivendola in base al proprio vissuto.

Non so perché quelle parole mi colpirono così tanto da restarmi scolpite nella memoria, ma si adattano molto bene a quello che sto vivendo ora.

Negli ultimi tempi ho letto diverse biografie (per esempio Steve Jobs, Jack Ma, Jeff Bezos) e autobiografie (Phil Knight, fondatore della Nike, e Ray Kroc, che ha reso grande McDonald's): da ognuna di loro ho tratto profondi insegnamenti. Quando vedi quello che hanno fondato immagini che tutto sia partito da grandi investimenti e capannoni con centinaia di operai. È difficile credere che queste enormi società siano partite da un ragazzo, Knight, con la passione per la corsa, che inizia con l'importare alcune decine di scarpe dal Giappone; o da un uomo, Kroc, che vende frullatori e si fa affascinare dall'idea del fast food.

Steve Jobs è partito da un garage per fondare la Apple, Jack Ma (fondatore di Alibaba) e Jeff Bezos (Amazon) hanno rinunciato al posto fisso per seguire un destino decisamente più incerto.

Si è trattato di cambiamenti che sono avvenuti passo dopo passo, ma ad un certo punto sono diventati inevitabili: la nuova vita non era più compatibile con quella precedente.

Quindi questo cosa vuol dire? Lasciare tutto quello che abbiamo per fondare una nostra società? Assolutamente no!

Le storie dei grandi possono ispirare ma poi, com'è successo per la canzone di Ligabue, ognuno le interpreta e le adatta alla propria vita.

Da qui parte l'idea di scrivere. Vedo tante persone che non arrivano a fine mese e non riescono a capire dove sbagliano. Vedo tanti che, per dare migliori condizioni alla propria famiglia, lavorano sempre di più, seguendo l'equazione: *lavoro di più per guadagnare di più, ma ho meno tempo libero.*

Vedo tante giovani coppie le quali hanno un periodo iniziale di prosperità: al posto di pagare due affitti e doppie spese ora convivono, ed hanno un surplus di reddito. Iniziano a contrarre debiti per aumentare il tenore di vita (auto più grande, ristrutturazione, prima o seconda casa ecc.), ritrovandosi nel giro di pochi anni in una situazione peggiore di quella iniziale, e rinviando al futuro l'avere figli perché *ora non è il momento, non possiamo permettercelo.*

Vedo tanti bravissimi professionisti e piccoli imprenditori, seri e laboriosi, che più sono bravi, più lavorano, meno tempo hanno a disposizione per la famiglia: spesso non riescono ad assistere alla nascita della figlia, o accompagnare il figlio alle partite di calcio.

Per me è frustrante non poter parlare con queste persone. Spesso, quando sento queste storie, non posso dire quello che penso davvero, o non c'è il tempo o la possibilità di approfondire le mie idee.

Esiste un modo per battere l'equazione di sopra? *E se ci fosse un modo per far sì che maggior denaro volesse dire maggior tempo libero?* E se il denaro entrasse indipendentemente dallo sforzo e dal tempo impiegato?

Lavorare di più, come dipendente o autonomo, vuol dire guadagnare più soldi con il reddito più tassato in assoluto, il che vanifica la maggior parte dei nostri sacrifici.

Non dico di non lavorare, anzi. Io stesso adoro il mio lavoro e non vedo perché dovrei lasciarlo: mi gratifica, mi fa crescere e mi permette di entrare in contatto con persone nuove ogni giorno. Quello che consiglio è di *trasformare, gradualmente, il reddito da lavoro in reddito da investimenti*, molto meno tassato e che richiede minor sforzo fisico e tempo.

Pensi che non sia possibile? Questo libro, allora, è proprio per te!

Non siamo certo tutti Jobs, Ma, Bezos, Knight o Kroc, ma anche loro hanno iniziato ad un certo punto.

Introduzione

Ogni maratona inizia con il primo passo.

Ho iniziato a diversificare le mie fonti di reddito qualche anno fa. Il processo è lungi dall'essere terminato, se avrà mai fine, ma almeno è iniziato, e vorrei condividerlo con te.

Trovi che uno di questi punti rispecchi la tua situazione?

- Papà che fa più lavori per dare ai figli tutto ciò che lui non ha avuto, ma per questa ragione li vede sempre meno;

- Donna lavoratrice che, dopo la nascita del primo figlio, vorrebbe lasciare tutto per vederlo crescere, almeno fino a quando non arriva all'asilo, ma purtroppo non può permetterselo;

- Dipendente che aspetta il weekend per uscire dalla *schiavitù lunedì-venerdì*;

- Hai il cellulare e computer dell'azienda sempre accesi, anche quando sei in crociera o in viaggio dall'altra parte del mondo;

- Vorresti provare a cambiare lavoro o vita, ma lo stipendio ti serve e non hai abbastanza risparmi per poterlo fare;
- Pensi che investire sia rischioso;
- Vorresti seguire il tuo sogno di cantare/dipingere/scrivere, ma il lavoro non ti lascia tempo libero.

Lavorare di più è cosa buona, ma è il *motivo* per cui lo facciamo a dirci se stiamo facendo bene: per i soldi? E fra dieci anni cosa accadrà? Lavorerai sempre di più o avrai più tempo libero? Queste maggiori entrate ti hanno fatto diventare più realizzato o più schiavo del nuovo stile di vita?

Da chi è partita l'ispirazione per tutto questo? Da mia moglie, Simona. Quando ci siamo conosciuti, una decina di anni fa, lavorava presso un parrucchiere. Lo stipendio era basso ma i soldi, si sa, servono comunque; lavorava tante ore al giorno, sempre in piedi. Ha avuto il fegato di lasciare quel lavoro, ma ha continuato a coltivare la sua passione. Ha frequentato un corso biennale di specializzazione in acconciatori e continua a formarsi periodicamente con corsi di aggiornamento. Ora siamo una delle poche coppie monoreddito che conosciamo perché ha scelto di dedicarsi a nostra figlia, Sofia, che ha circa tre anni. In futuro potranno esserci decisioni diverse, ma per ora questa soluzione ci consente di vivere bene il nostro tempo libero.

Perché abbiamo fatto questo? Il mio stipendio è forse più elevato di quello delle altre persone che conosco? No, è semplicemente una questione di *scelte*.

Con questo libro vorrei solo dirti che ci sono delle alternative, poi sarai tu a decidere il da farsi.

Buona lettura!

Mario

Taranto, luglio 2021

2 Diversificare le fonti di reddito

2.1 Cos'è la ricchezza?

Anche stamattina, come tutti i giorni dal lunedì al venerdì, mi sveglio presto, prendo la macchina e vado al lavoro! Vedo gli stessi colleghi, incontro i clienti, sempre la stessa routine... che noia!

Se solo non avessi il mutuo della casa e la famiglia da mantenere avrei già mandato tutti al diavolo!

Quanto vorrei avere tempo per fare ciò che mi piace: viaggiare, leggere, fare sport, svegliarmi tardi... se avessi i soldi mollerei tutto!

Ti riconosci in queste parole?

Se no, complimenti! Evidentemente stai vivendo una vita che ti piace e che ti gratifica, sono contento per te!

Se sì, non ti preoccupare, non sei il solo: credo che quasi tutti coloro che svolgono un lavoro, prima o poi, facciano un discorso simile.

Sembra che basti una maggior quantità di denaro per risolvere tutti i nostri problemi e che, una volta ricevuta, la situazione si sistemi all'improvviso! Ma è davvero così?

Mi presento: sono Mario, e da circa quindici anni sono impiegato di banca. Sono molto fortunato rispetto a tante altre persone, che una busta paga fissa o non la hanno mai ricevuta, o non la ricevono regolarmente, ma questo non mi esime dal pensare: *se perdessi il mio lavoro cosa accadrebbe? Al contrario, cosa farei in caso di una vincita o, comunque, di una forte somma all'improvviso?*

Finora ho visto qualche caso del genere: persone che sono state licenziate dalla sera al mattino, o persone che ricevevano un'eredità o vincevano alla lotteria. Tramite loro ho potuto studiare quello che può cambiare (o non cambiare) nella vita.

Cosa hanno fatto? Ma soprattutto, *tu* cosa avresti fatto, davanti alla stessa situazione? Proviamo a scoprirlo insieme.

Si può pensare che un reddito elevato sia la soluzione ai problemi finanziari. Ma è davvero così? Riflettendoci, conosco persone che hanno un lavoro molto ben retribuito, ma che necessitano del giorno di paga come dell'ossigeno. Prima dello stipendio chiedono soldi in prestito a familiari, amici e persino in banca. Poi arriva, finalmente, *quel giorno* e c'è euforia: si pagano debiti e bollette, ci si concede qualche capriccio o qualche spesa che attendeva per essere affrontata. E poi, dal giorno dopo, si riprende il solito *tran-tran*, aspettando lo stipendio successivo.

Altre persone, invece, nonostante non percepiscano retribuzioni elevate riescono a vivere in maniera dignitosa, senza andare mai fuori dalle loro possibilità. Fanno probabilmente una quantità immane di sacrifici e rinunce, ma ce la fanno. Hanno davvero tutta la mia stima. *Ma se perdessero all'improvviso il posto di lavoro, cosa farebbero?*

Non siamo padroni del nostro tempo, non sappiamo quanto ne avremo a disposizione.

Allora mi chiedo: *qual è il problema?* Non credo che sia la *quantità* di denaro che arriva, ma forse la capacità di gestirlo. O è un problema di *qualità* del denaro? Quanto sforzo e tempo impiego per guadagnarlo?

Ne parlava già George Samuel Clason ne *L'uomo più ricco di Babilonia*, un libro pubblicato per la prima volta nel 1926. Descrive una situazione immaginaria (ma molto vicina alla realtà) in cui ci sono persone che fanno diversi mestieri, ma nessuna di loro è ricca. L'unico ricco è colui che ha la borsa sempre piena e che si riempie di continuo, indipendentemente dal suo sforzo fisico o mentale... più avanti vedremo come.

In generale penso: *cos'è la ricchezza*? Avere tantissimi soldi sul conto corrente, ma poi non avere il tempo di andare in vacanza, o andarci con un orecchio sempre attaccato al cellulare perché ti chiamano dall'ufficio, non è la stessa cosa di non avere denaro per partire? Avere un lavoro estremamente gratificante che fornisce ottime entrate, ma che non mi dà la possibilità di *staccare* due ore per andare a vedere la recita di mio figlio, o la libertà di stare a casa se ha la febbre, è positivo?

Secondo me la ricchezza non è data da quanto si guadagna o da quanto patrimonio si ha, *ma dalla libertà di fare ciò che si vuole quando lo si vuole.* Il patrimonio ed il reddito dovrebbero essere il mezzo per arrivare a questo, non lo scopo. Ho letto una volta del paragone fra il denaro e il sangue: è chiaro che è necessario, ma non è che si viva per produrlo! Avete mai sentito qualcuno dire: *Oggi non esco, così produco più sangue?* Avete mai sentito qualcuno dedicarsi solo ad esso, rinunciando alle gioie della vita?

E perché per il denaro è diverso? Ci sono persone che non escono, non vanno al cinema, non viaggiano, non comprano libri per risparmiare. Ok, e dopo?

Ripeto, *il denaro è il mezzo, non il fine.*

Analizziamo coloro che vincono alla lotteria: in moltissimi casi ritornano alla situazione precedente nel giro di meno di un anno, massimo due. In alcuni casi la situazione finale è peggiore di quella iniziale, in quanto iniziano *a spendere e spandere* senza ritegno, contraendo debiti: quando si rendono conto che hanno fatto il passo più lungo della gamba è ormai troppo tardi.

Si potrebbe obiettare che non fa notizia sapere che qualcuno che ha vinto la lotteria è diventato effettivamente ricco, ed è vero: si diffondono solo le notizie dei disastri, vendono di più.

Allora pensiamo: conosciamo situazioni di persone che, all'improvviso, hanno avuto una quantità di denaro maggiore a quella che avrebbero accumulato in dieci anni di risparmi? Probabilmente sì, anche perché non è un caso così raro: un'eredità, la vendita di un bene immobile, la liquidazione di un incidente automobilistico da decine di migliaia di euro. Poi cos'è successo? Niente di diverso da quanto detto sopra. È come se il denaro avesse bussato alla loro porta ma, senza un'idea precisa di come essere utilizzato, fosse fluito via, verso altre mete.

Cosa faremmo se avessimo la possibilità di lasciare il nostro lavoro? Ho vissuto da vicino una situazione simile con il dubbio dei lavoratori dell'ex-Ilva di Taranto.

2.2 Potresti lasciare il tuo lavoro domani?

L'Italsilder era il più grande impianto siderurgico europeo. Nato di proprietà dello Stato, nel 1995 fu privatizzato e ceduto alla famiglia Riva, che ne cambiò il nome in Ilva spa. Per la mancanza di ammodernamento e per le crisi industriali, l'andamento di questa fu altalenante, tanto che nel 2012 fu sequestrata e nel 2013 commissariata.

E i dipendenti cosa facevano? Non avevano molte alternative. Persino quando l'attività si contraeva, ed erano costretti a riduzioni di orario e cassa integrazione, continuavano a portare avanti il loro lavoro, in quanto non c'erano molte altre strade da seguire.

Tutto questo fino al 2018: il complesso industriale, gestito da commissari straordinari, viene ceduto al gruppo franco-indiano Arcelor-Mittal. Ad ogni dipendente, indipendentemente dall'anzianità, ruolo o inquadramento, vengono proposti €100.000 (lordi) più due anni di cassa integrazione per dimettersi. Cosa accade? Che alcuni accettano (una bassa percentuale, in verità), tutti gli altri no.

La paura di perdere un posto di lavoro *sicuro* era troppo elevata: dopotutto i nuovi proprietari avrebbero sistemato tutto, vero?

Meno di due anni dopo, Arcelor-Mittal dichiara di volersi *liberare* dall'impegno. Il posto sicuro non lo era più così tanto. Non è mio scopo giudicare le scelte, ma vorrei riportarvi le impressioni di un cliente, dipendente ex-Ilva, con cui ho parlato in filiale qualche tempo dopo questi fatti:

Mario lo so, sembra tutto facile. Sembra di sentire le critiche di tutti: "Ma come vi è venuto in mente? Perché non avete accettato? Lo sapevate che sarebbe andata a finire così, illusi!"

In realtà il discorso è diverso. Se tu molli tutto e fallisci, è colpa tua: come vivrà la tua famiglia? I sensi di colpa potrebbero essere devastanti. Se tu, invece, resti dentro e dopo l'impianto chiude o vieni licenziato, non hai colpe: è successo. Nessuno dei tuoi amici o familiari ti può criticare se hai mantenuto il tuo posto di lavoro.

Molti potrebbero non essere d'accordo con le sue parole, ma io le ho trovate estremamente illuminanti. Mi sono posto una domanda: *Io, al posto loro, cosa avrei fatto?*

È molto semplice dare giudizi se il fatto non ti riguarda da vicino, pertanto mi sono calato nei loro panni. Ho finto che la banca mi offrisse le stesse condizioni per lasciare il mio posto. Ho pensato e ripensato alle alternative: avrei potuto estinguere il mutuo, e poi? Se non avessi trovato nulla dopo due anni? E se non fossi stato bravo come credevo di essere e avessi dovuto accettare lavori meno sicuri e meno remunerati?

Insomma, *avrei rifiutato*. Caspita, proprio come i dipendenti ex-Ilva! Dopotutto, anche io percepisco il mio posto di lavoro come sicuro, così come loro percepivano il loro impiego, anche se era evidente che non era così.

E se stessi sbagliando come loro? Ragioniamo: sempre più persone utilizzano l'ATM o i sistemi online. Dove prima c'erano sette o otto casse ora ce n'è una, massimo due. Anche la consulenza sta avendo la stessa sorte: i clienti cercano un mutuo, un prestito o una polizza assicurativa direttamente da casa, senza operatori di filiale. Fino ai primi anni 2000 l'Ilva era un posto di lavoro ideale per molti poi, quasi all'improvviso, è cambiato tutto. E se fosse così anche per le banche?

Ormai ogni posto di lavoro può sparire da un giorno all'altro. Sono anni che il numero dei benzinai si riduce, sostituiti da stazioni di servizio completamente automatiche. Le e-mail e le pec hanno ridotto il numero di lettere inviate, riducendo il numero necessario di postini.

Ha senso, quindi, concentrarsi su un'unica fonte di reddito, o è diventato quasi vitale differenziare le entrate?

La carriera lavorativa di una persona dura circa quarant'anni, poniamo il caso (per semplicità) dai venticinque ai sessantacinque. In tutto questo tempo spesso non si riesce ad integrare la fonte di reddito, *per cui ci si trova a non avere la libertà di lasciare il posto di lavoro quando si presentano opportunità inaspettate.*

Mi è capitato di parlare con persone a cui erano stati offerti sette anni di prepensionamento: in pratica avrebbero potuto percepire uno stipendio *un po' più basso* rispetto a quello attuale, che li avrebbe accompagnati fino all'inizio della pensione. In tantissimi hanno accettato, alcuni hanno rimpianto il fatto di non rientrare per poco nei requisiti. Altri, pur rientrando nella casistica, hanno preferito rifiutare: perché? Ci sono due tipi di motivazioni:

1) *Perché non avevano voglia di smettere di lavorare*: è un discorso sano, erano ancora appassionati del loro lavoro e, per il momento, non riuscivano ad immaginarsi senza continuare a farlo;

2) *Perché quella riduzione di stipendio non potevano permettersela*. Per questa categoria di persone questo evento è stato un campanello di allarme: come avrebbero vissuto da lì a pochi anni, con l'arrivo della pensione (che, notoriamente, è più bassa della retribuzione lavorativa)? Avrebbero continuato a lavorare anche da anziani?

Per non trovarmi nella stessa situazione del secondo gruppo avevo capito che dovevo valutare per tempo il problema.

2.3 Compleanni, social e tempo libero

Nel mezzo del cammin di nostra vita....

Sembra che i compleanni che finiscano con un multiplo di 5 (25, 30, 40...) portino con sé un potere speciale. È come ritrovarsi ad un giro di boa in cui ci si chiede: *Finora ho fatto questo, cosa farò in futuro? Che succede ora?* Il mio compleanno dei 35 anni, invece, non era iniziato affatto così. Mia moglie mi regala uno smartphone nuovo: mai avrei pensato che uno strumento del valore di circa 200 euro avrebbe tanto condizionato la mia vita. No, non per le caratteristiche tecniche, ma per il fatto che dovevo entrare nuovamente nei vari account, quindi posta elettronica, app e così via: li impostai nuovamente tutti, tranne quello di Facebook.

Lo volevo fare da parecchio. Visto che non avevo nulla da perdere, provai, convinto che dopo massimo una settimana sarei stato in crisi di astinenza e sarei rientrato regolarmente. E invece non andò così. Non entrai per i primi giorni, che poi si trasformarono in settimane ed in mesi. All'inizio fu difficile, ma poi sempre più facile. Credo che sia lo stesso processo con cui molte persone riescono a smettere di bere o fumare, in cui alla fine ti guardi indietro e chiedi: *Ma perché lo facevo? Ma come ho fatto a sprecare tutto quel tempo?* Di tempo, senza accorgermene e senza volerlo coscientemente, ne sprecavo davvero tanto.

Il problema era un altro: come riempivo tutti quegli spazi che avevo creato? Mi sentivo come un neopensionato che, dopo quarant'anni a lavorare e ad agognare tempo libero, non sapeva cosa fare. Però il tempo libero c'era e non me ne potevo certo andare nel parco a leggere i giornali. Avrei potuto fare attività fisica, dipingere, diventare lottatore di sumo, imparare a fare un salto mortale da un cavallo in corsa…

Benché fossero tutte alternative valide ed interessanti, mi sono orientato sull'unica attività che mi era sempre piaciuta sin da quando ero ragazzo: *leggere*.

Notai con rammarico che negli ultimi tre anni avevo letto a malapena quattro libri. Certo, mi ero comunque tenuto informato con riviste di vario genere, ma non bastava, era davvero poco. Non avevo più scuse: dovevo ricominciare. Ok, ma da cosa? Thriller, storia, politica?

Cercai l'ispirazione guardando le recensioni su Google. Si parlava di *Padre ricco padre povero* di un certo Robert T. Kiyosaki, che non avevo mai sentito. Comprai così il mio primo libro su Amazon.

2.4 Libertà finanziaria e cashflow

In *Padre ricco padre povero* Kiyosaki parla di *libertà finanziaria*. Di cosa si tratta? Supponiamo che per mantenere il mio attuale stile di vita (mutuo, cibo, bollette, prestiti, scuola per figli, consumo dell'automobile ecc.) mi servano 2.000 euro al mese e sul conto corrente abbia 10.000 euro. Per quanto tempo potrei mantenermi se smettessi di lavorare? Chiaramente, cinque mesi. E se avessi 100.000 euro? Poco più di quattro anni, cioè cinquanta mesi. Più leggevo queste parole e più pensavo ai 100.000 euro dell'ex-Ilva: caspita, avevano fatto bene a rifiutare! Anche se la somma era alta, presto o tardi sarebbe finita!

Calma, c'è una soluzione, che Kiyosaki chiama *rendite passive*, cioè denaro che entra indipendentemente dal mio sforzo fisico o mentale. Torniamo all'esempio di prima e supponiamo che percepisca fitti per 1.000 euro al mese. Si tratta di una mera esemplificazione, per cui volutamente trascurerò aspetti legati alla tassazione, insolvenza o similari: è solo per introdurre il concetto. Poiché 2.000-1000=1.000 euro, con : 10.000 euro in banca potrò sopravvivere dieci mesi (e non più cinque) e con 100.000 euro cento mesi (e non più cinquanta). Niente male, vero?

E se i fitti fossero 2.000 euro? Non avrei bisogno di lavorare: le mie esigenze sarebbero completamente coperte da rendite passive. *Avrei raggiunto l'indipendenza finanziaria.*

E se fossero 3.000 euro al mese? Non solo sarei finanziariamente libero, ma avrei anche un extra che potrebbe essere consumato o, meglio ancora, investito per creare ulteriori rendite passive.

Questo è il concetto fondamentale *di flusso di cassa, o cashflow.* Se le entrate sono superiori alle uscite avremo un cashflow positivo, altrimenti sarà negativo. Ritorneremo sull'argomento quando parleremo, nei prossimi capitoli, di attivi e passivi: *attivo è tutto ciò che genera un cashflow positivo, il passivo no.*

Attenzione, libertà finanziaria non è assolutamente sinonimo di pigrizia, ma semplicemente *essere liberi di svolgere o meno un'attività lavorativa in cambio di denaro.* Si potrebbe comunque continuare a lavorare, fare volontariato, viaggiare... insomma, essere davvero padroni del proprio tempo. La domanda che mi sono posto è*: Ma se da domani potessi avere tutto il tempo libero possibile, e non dovessi recarmi in ufficio per avere uno stipendio con cui sostentarmi, cosa farei?* Mi sono reso conto che era ancora prematuro. Un po' come quando navigavo sui social e mi chiedevo: *Cosa farei di questo tempo libero?* E non sapevo cosa rispondere. Certo, immaginavo tante cose, ma è diverso poterlo fare ed immaginare soltanto di poterlo fare. Era una situazione che volevo vivere, almeno parzialmente.

L'idea mi stuzzicava: ma come creare rendite passive?

Primo passo: risparmiare. Se si consuma tutto quello che si guadagna non si avrà nulla da investire. Si può iniziare con il 10% del proprio reddito.

Secondo passo: investire. Il mero risparmio non porta a nulla: sono solo soldi sul conto, prima o poi finiranno o saranno utilizzati per altro. È importante *far lavorare i soldi al posto nostro*, pertanto è necessario investire. In cosa? In quello che si ritiene più opportuno. Cosa ci appassiona? Il mercato azionario, le obbligazioni, l'oro, un'impresa tutta nostra, gli immobili? Studiamo quei mercati ed iniziamo a lavorarci.

Ora l'idea iniziava a prendere meglio forma. Potevo creare delle rendite passive tali da rendermi non dico completamente libero, ma almeno in parte? Potevo fare questo con gli immobili, che sono la mia passione?

Sì e no…. Non ci basta comprare immobili, bisogna sapere quale tipologia, come finanziarli e quale target di inquilini cercare. L'esperienza che avevo fatto con un monolocale, qualche mese prima di iniziare queste letture, mi tornava utile.

2.5 Acquisto di immobili da investimento

Non c'è nulla da fare, siamo italiani. Pizza, mandolino e casa di proprietà. Circa il 73% per cento di noi possiede una prima casa, un po' come i nostri cugini spagnoli ed al contrario di tedeschi e svizzeri (con circa il 44% ed il 40%). Non so quali siano le radici storico-culturali di questo, ma io non facevo eccezione: l'idea di comprare immobili mi esaltava. Si pagano tasse, notaio, spese condominiali? Non importa! Mi gratificava l'idea di potermene permettere più di uno, anche se non avevo bene idea di cosa farci.

Poco tempo dopo aver comprato la mia prima casa, mi misi alla ricerca di altre opportunità. Nel mio palazzo c'era un piccolo vano ammezzato che il proprietario, ogni tanto, provava a vendere ad un prezzo troppo alto per il mercato. Dopo vari tira e molla, e dopo oltre tre anni di trattative, sono riuscito a prenderlo... e vai!

Il proprietario, ex imprenditore, mi chiese: *Cosa ne farai?* La mia risposta fu: *Ancora non lo so*. E lui: *Mi raccomando, quando compri un immobile devi già sapere come utilizzarlo!*

Aveva ragione. Avevo comprato l'immobile per soddisfare un desiderio, non per un'esigenza precisa. Avevo utilizzato buona parte dei miei risparmi (che non erano molti) ed avevo finanziato il resto in soli quattro anni, quindi la rata era piuttosto alta. Insomma, avevo fatto una mezza stupidaggine. Avevo comprato l'ammezzato già da un paio di settimane e l'unica cosa che ero stato in grado di fare era stata quella di trasformarlo in un deposito di cose inutili. *No, così non poteva andare.* Dovevo pagare una rata per un bene che non mi serviva, quindi in realtà mi ero impoverito, anche se avevo più proprietà. Avrei dovuto rinunciare a qualcosa del mio stipendio solo per il mio ego, un po' come quelli che si indebitano per comprare auto o vestiti firmati che non possono permettersi.

Ma caspita, io non avevo buttato soldi! Forse avevo sbagliato ad utilizzare i risparmi e la durata del prestito, ma alla fine avevo preso un bene che, sfruttato, poteva rendermi parecchio.

Il problema era uno: in famiglia abbiamo avuto esperienze negative con gli affitti. Rischi di far entrare persone che non solo non ti pagano, ma vivono anche alle tue spalle, non pagando spese condominiali ed utenze. Cosa fare?

Dovevo semplicemente calmarmi e ragionare. Avevo comprato un piccolo monolocale a Taranto, mica la Reggia di Caserta. Quanto avrei potuto percepire di fitto? Considerando che, per motivi di spazio, poteva essere abitato da una sola persona, quanti danni avrebbe potuto farmi a livello di utenze non pagate? Il gioco valeva la candela: dovevo provare. Fissai un fitto pari al finanziamento più le spese condominiali: certo, a fine anno ci avrei rimesso qualcosa a livello di tasse da pagare, ma non dimentichiamo che a quei tempi ero interessato alla proprietà dell'immobile, non all'indipendenza finanziaria (un concetto che ancora non conoscevo). Risultato? Lo fittai e l'inquilina pagava regolarmente.

Questo episodio nasce da un'esperienza negativa e si trasforma in positiva: aveva acceso in me la curiosità per gli immobili a reddito, cioè quelli comprati appositamente per essere fittati. Mi ero reso conto dell'errore che avevo fatto: *se ci rimetto ogni mese per ogni immobile, quanti ne posso comprare?* Ovviamente solo quelli che posso permettermi con i miei risparmi e con le rate dallo stipendio. E se invece studiassi meglio prima la situazione, prevedendo quanto posso percepire di fitto e le spese a cui vado incontro, in modo da non rimetterci nulla dallo stipendio? Cosa accadrebbe? *Semplice: potrei comprare ogni immobile con queste caratteristiche su cui metto gli occhi.* Questo è il passaggio *da lavorare per il denaro* a *far lavorare il denaro per me*. La cosa meritava di essere studiata ed approfondita.

Come dice MJ DeMarco in *Autostrada per la ricchezza*, mi stavo trasformando da dipendente/consumatore in fornitore di beni e servizi, pertanto era necessario iniziare a pensare come non avevo ancora fatto.

2.6 Era il momento giusto

Quando parlo con amici o parenti dell'esperienza che sto facendo, sembra che sia stato tutto immediato. Fino a qualche anno fa avevo solo casa mia, poi, all'improvviso ed in maniera repentina, ho iniziato ad acquistarne altre. Di cosa si è trattato? Un colpo di sole mi ha fatto impazzire?

In realtà stavo solo aspettando l'occasione ed il momento giusto. Tutto è partito da molto lontano e ci sono stati due episodi fondamentali.

Il primo avvenne quando avevo circa dodici anni. Andammo a casa di un amico di mio padre, che aveva comprato una villetta e ne era orgoglioso. Ma orgoglioso di cosa, mi chiedevo? Era un rudere! Gli operai che ci stavano lavorando stavano peggiorando la situazione, rompendo tutto. Tornammo, però, dopo qualche tempo: stentavo a crederci! La villetta era diventata meravigliosa, con controsoffitti, effetti di luci e colori che creavano giochi particolari. Allora capii che in una casa dovevo imparare a vedere il potenziale, non come appariva al momento.

Il secondo avvenne circa cinque anni dopo. Erano gli anni del passaggio dalla lira all'euro ed il mercato immobiliare era impazzito: in pochi anni, una casa che in lire avresti pagato 50.000.000 ora veniva venduta a 50.000 euro (circa il doppio), ed i prezzi continuavano a salire fino a 75-100.000! La frase comune era: *Se avessimo comprato in lire e venduto in euro ora saremmo ricchi!* Quindi, in cuore mio, attendevo il ritorno di quel momento.

Per me è stata anche l'occasione per studiare il comportamento umano. Tutti noi, presi singolarmente, siamo persone razionali e, tendenzialmente, facciamo scelte ponderate nelle varie situazioni. Ma presi come gruppo diventiamo *gregge*: tendiamo a fare quello che fanno gli altri. Questo accadeva in quel periodo. I prezzi delle case continuavano a salire, i tassi dei mutui erano molto alti, e la gente cosa faceva? Correva a comprare immobili, non voleva farsi scappare *l'occasione*! E non parlo solo di persone che compravano la casa per andarci a vivere, ma c'era anche chi si indebitava per acquistarne per uso investimento. Sembrava che il mercato non dovesse mai crollare. C'erano i mutui 120%: sapete cosa implica questo? Che veniva finanziata la casa, il notaio, l'agenzia ed anche i mobili. Tu potevi non avere neanche l'ombra di un risparmio ma potevi acquistare la casa che ritenevi più opportuna, con mutui che arrivavano a 40 anni.

Ovviamente, *tutto questo ha drogato il mercato*. I venditori erano i contraenti forti, fissavano il prezzo, ed il compratore comunque lo accettava, in quanto la paura era che, attendendo, quello successivo potesse essere più elevato.

Tutto è improvvisamente cambiato nel 2008, con la crisi dei *mutui sub-prime*. Torniamo indietro di qualche anno. Abbiamo detto che il mercato immobiliare era alle stelle, i tassi dei finanziamenti anche. Negli Stati Uniti si facevano da anni mutui anche a persone che, in realtà, non avevano la possibilità di pagarli (chiamati, appunto, *mutui sub-prime*). Nel 2008 la bolla è scoppiata: questo ha generato un fortissimo movimento repressivo circa la concessione di finanziamenti che si è esteso anche nel mercato europeo. La contrazione creditizia ha manifestato praticamente subito i suoi effetti. Le banche non solo avevano iniziato a non concedere più il 120%, ma neanche il 100%: il massimo mutuo disponibile era quello all'80%. Se avevi sufficienti risparmi per pagare il 20% residuo (oltre alle spese notarili e tutto ciò che era collegato all'acquisto) potevi comprare l'immobile, altrimenti dovevi passare ad uno meno costoso.

La reazione degli acquirenti fu rabbiosa agli inizi, ma dopo qualche mese si calmò. I venditori capirono che non potevano richiedere più qualsiasi cifra, pertanto i prezzi iniziarono a calare, fino ad arrivare ai livelli pre-euro. Anche i tassi dei mutui e dei prestiti in genere si abbassarono, come sempre avviene nelle fasi recessive.

Ed in questo mercato ho iniziato a comprare gli immobili uso investimento.

3 Gli elementi oggettivi negli investimenti

3.1 Debito e leva finanziaria

Tutti, prima o poi, abbiamo avuto a che fare con questa parola: *finanziamento*. Innanzi tutto, di cosa si tratta? È la possibilità che viene concessa ad una persona di soddisfare un bisogno immediatamente, a fronte di una rata periodica per un certo numero di anni. Gratis? A meno che non abbiate chiesto a Babbo Natale, la risposta è *no:* a fronte del denaro concesso è richiesto un interesse, che può essere anche elevato. Voi che rapporto avete con i debiti? Io ne avevo una paura matta.

Gli unici che avevo contratto erano per l'acquisto di un'auto, di un divano ed il mutuo per la casa: nei primi due casi li avevo estinti con largo anticipo, nel terzo avevo ridotto la durata iniziale di 5 anni, pur di terminarlo prima.

Ho sempre considerato il debito come una bomba che, se usata male, poteva esploderti in mano. Dopotutto, *per soddisfare un bisogno attuale decidi di sacrificare un bisogno futuro*:

se queste scelte non sono ben ponderate possono portare alla bancarotta finanziaria.

Questa mia idea era suffragata dall'esperienza di dipendente bancario. Alcuni episodi mi sono rimasti particolarmente vivi nella memoria.

C'era la coppia con quattro figli che, in fase di ricostruzione della situazione debitoria, non si ricordava a cosa era servito quel finanziamento di €4.000... ah, certo, per quella TV al plasma ultimo modello! Ora stavano nuovamente consolidando tutti i debiti ed allungando le scadenze: ormai erano esperti, lo avevano fatto altre volte. Il loro volume di esposizione era incredibile, ma continuavano a fare debiti come se fossero acqua fresca.

Che dire, poi, di un altro caso? *Io vado in vacanza due settimane l'anno, ma non mi faccio mancare nulla!* Certo, neanche i debiti, visto che non riusciva a risparmiare nemmeno un euro. Ogni vacanza veniva spalmata in due o tre anni di rate: quanti sacrifici costavano quelle due settimane! L'anno successivo stava ancora pagando quella dell'anno precedente, ma lui sembrava non rendersene conto: continuava tranquillamente con questo modo di fare.

Poi, un brutto giorno, il giocattolo si rompe: vai in banca e la tua domanda di prestito non viene accolta, hai già troppe rate. Ricordo ancora le due diverse reazioni: il primo cambiò banca, il secondo, dopo un iniziale momento di rabbia e frustrazione, capì. Iniziò a vedere i futili motivi per i quali aveva contratto i prestiti e, soprattutto, quanto gli costavano in termini di interessi. Del primo ho perso le tracce, il secondo l'ho rivisto dopo alcuni anni: era una persona nuova. Andava in vacanza, ma solo perché tutti i mesi riusciva a risparmiare qualcosa: non contraeva più debiti per bisogni passeggeri, ma solo per giuste necessità.

La cosa che ho notato è che queste due persone non sono casi isolati, anzi, potremmo dire che fanno parte della maggioranza. Vogliamo tutto e subito. Abbiamo perso l'abitudine che era la regola ai tempi dei nostri nonni: *Vuoi qualcosa? Risparmia, così dopo alcuni mesi potrai permettertela.* No! Ora *prima prendo la cosa, poi la pago!* Con calma, in comode rate.

Potete immaginare come reagii quando la banca, come da accordi sindacali che non conoscevo, mi concesse un fido, senza che io l'avessi richiesto. Ma badate bene, non un fido qualunque, ma l'equivalente di circa sei o sette stipendi!

Cos'è un fido? Poniamo il caso che io veda una cosa che mi piace o che mi serve, ma sul conto non ho soldi: ho la possibilità di fare quell'acquisto. Questa pratica può essere deleteria:

    1) ha un costo in termini di interessi;

    2) poniamo il caso che, tutti i mesi, spendiamo un po' di più di quanto guadagniamo: supponiamo euro 1.600 a fronte di uno stipendio di euro 1.500. Se hai un fido pari al tuo stipendio, dopo 15 mesi avrai solo debito!

Cosa si fa in questo caso? Nulla di diverso rispetto a quanto fatto dai clienti prima: o si consolida il tutto, allungando le scadenze, o si comprende che non si può continuare in quel modo, e si riducono i consumi.

Tornando al mio caso, potete immaginare come reagii. Avevo paura, temevo di utilizzare quella possibilità in maniera errata, e sprofondare nel debito. Ne parlai con alcuni colleghi, che quasi mi presero in giro: *Dai, concediti uno sfizio!* No, non lo avrei fatto. Non sarei caduto nella trappola, ma ero grato per l'occasione concessami. Era uno strumento, e dipendeva solo da me utilizzarlo bene o male. Nel tempo l'ho utilizzato pochissimo, solo una volta l'ho usato fino in fondo, e cioè quando ho comprato l'ammezzato di cui parlavo prima. L'ho utilizzato per dare l'acconto e poi, una volta ottenuto il prestito, l'ho subito coperto.

Questa esperienza mi ha fatto capire che, rispetto a quello che pensavo in passato, il finanziamento non è necessariamente una cosa negativa. Se lo uso per comprare cose inutili è *cattivo*, e mi costringe a continuare a lavorare per ripagarlo, allontanandomi dalla libertà finanziaria.

Se lo uso per comprare qualcosa che mi genera una rendita passiva, come un immobile da dare in affitto, e le entrate superano la rata, allora è un ottimo strumento: dopo alcuni anni hai l'immobile, le entrate ed in tutto questo c'è stato solo un limitato sforzo da parte tua. Questo debito è chiamato *buono* in quanto c'è qualcuno (in questo caso, l'inquilino) che lo paga per te.

Il potere del debito è di scatenare la cosiddetta *leva finanziaria*, che altro non è che un moltiplicatore delle tue forze. Supponiamo che tu abbia €20.000 e voglia investire: cosa ne fai?

1) Acquisti fondi, il mercato va bene e dopo tre anni hai guadagnato il 10%: ora hai €22.000;

2) Trovi un immobile che costa €100.000: dai €20.000 in acconto e la banca ti presta la parte restante. Dopo tre anni (come nel caso precedente) il mercato è salito del 10%: ora hai €110.000, con un guadagno del 50% del tuo capitale iniziale, non del 10%!

È questo il *potere* della leva: *moltiplica il tuo capitale per renderlo più forte*. Attenzione, la leva può essere anche negativa: se viene investita male (pensate agli esempi precedenti, ma con una perdita del 10%) o se la usi per consumi (come i due clienti di cui parlavo prima) accelererà la disfatta finanziaria, allontanando dall'obiettivo della ricerca della libertà.

Caspita, ora avevo davvero capito come funzionava la leva, di come l'avessi utilizzata anche io (sebbene quasi per caso) nell'acquisto dell'ammezzato. Però la leva poteva essere molto più potente: poteva essere azionata senza uso del mio denaro, ma solo con quello di prestito. Quest'idea mi stuzzicava. Avevo sempre sacro timore del finanziamento, l'esempio più calzante che ho sentito è *che è come un fucile carico: può difenderti o ucciderti, in base a come lo maneggi*. Questa volta, però, avevo maggiori strumenti e conoscenze per gestire il rischio, senza permettere alla paura di sopraffarmi. Trovai un secondo monolocale (ormai avevo deciso che quello sarebbe stato il mio target) nel pieno centro di Taranto, ad una cifra decisamente abbordabile. Andai a vederlo subito: mi piacque immediatamente e sapevo che l'avrei fittato facilmente. La seconda volta l'ho visto con un elettricista di mia fiducia: *mio padre*. Da lui avevo preso la passione e la capacità di capire il potenziale di una casa, ma in questo caso mi serviva un controllo tecnico: una verifica degli impianti. Aveva notato alcune cose che mi erano sfuggite, ma nel complesso l'immobile andava bene. Avevo chiesto il finanziamento prima dell'acquisto, per cui ero pronto. Dopo dieci giorni ero diventato il proprietario dell'appartamento, e dopo altri dieci lo avevo fittato ad una cifra maggiore del prestito, che mi garantiva anche un piccolo margine per tasse ed imprevisti.

Avevo realizzato ciò che volevo: senza utilizzare soldi miei avevo acquistato un immobile, che dopo qualche anno mi avrebbe garantito entrate senza debiti, avvicinandomi di un altro passettino all'indipendenza finanziaria.

3.2 Risparmio fiscale

Ci sono scopi meritevoli di tutela (come ad esempio istituti di carità, mense sociali ecc.) per i quali lo Stato decide di fornire degli incentivi fiscali pur di permettere loro di continuare ad operare. Esistono incentivi del genere anche per gli immobili? Certamente sì!

Lo Stato ha praticamente smesso di occuparsi di edilizia pubblica dagli anni Settanta, ma continua a provare a risolvere i problemi di esigenza abitativa: dopotutto, serve a tutti un tetto sulla testa. Inizio a studiare le varie tipologie di contratto di affitto e mi colpisce in particolare la *cedolare secca*. Cos'è? È un'opzione grazie alla quale paghi solo una certa percentuale di tasse sul fitto che percepisci, senza che questo faccia cumulo con gli altri redditi: nella stragrande maggioranza dei casi questo si traduce in un risparmio fiscale. Si divide in due tipi, *a canone libero e concordato*. La prima la conoscevo già ed è quella che ho applicato ai due contratti di fitto di cui parlavo prima: è data dalla libera contrattazione fra proprietario e inquilino ed è tassata al

21%. La vera sorpresa è stata conoscere quella a canone concordato. C'è un accordo fra le associazioni dei proprietari e quelle degli inquilini: se il canone rispetta un certo prezzo a metro quadro lo Stato riconosce un forte risparmio fiscale. Quanto forte? Molto! La cedolare secca è al 10%, il risparmio sulle tasse di proprietà della casa del 25%, il risparmio sulle imposte di gestione del 25%! Insomma, conviene decisamente sia al proprietario che all'inquilino. Indipendente dalle cifre, che possono cambiare di anno in anno in seguito alle scelte di politica fiscale, il concetto è uno solo: è importante informarsi, in modo da vedere come utilizzare le possibilità che ci vengono fornite. Nella squadra non dovrebbero mai mancare un commercialista ed un agente immobiliare, che sapranno come consigliarvi al meglio nelle varie situazioni.

Ero deciso a fare esperienza con il canone concordato, ma come? I miei monolocali, tra l'altro già fittati, erano troppo piccoli per poterne applicare le regole ed avere un beneficio economico. L'occasione arrivò grazie ad una mia parente che risiedeva all'estero, ma che aveva una casa a

Taranto. L'immobile era sfitto da tempo, e lei pagava manutenzione, tasse e condominio. Voleva venderlo, ma i prezzi di mercato troppo bassi non rendevano conveniente l'operazione. Mi impegnai personalmente per la ricerca dell'inquilino: dopo varie *selezioni*, trovai una brava persona di circa sessant'anni, che mi chiese un piccolo sconto. Quale migliore occasione per provare il canone concordato? Chiamai l'agenzia immobiliare con cui ero in contatto da qualche tempo: grazie alla riduzione del canone sarei rientrato nei parametri! Senza pensarci due volte, a fronte di un modesto costo di registrazione (meno di cento euro) affidai loro il compito di redigere e registrare il contratto. Tutte le parti erano contente:

1) L'agenzia per le provvigioni;

2) L'inquilino perché aveva una casa ad un prezzo conveniente;

3) La mia parente perché, finalmente, oltre a guadagnare l'affitto, aveva iniziato a risparmiare sulle tasse e sulle spese di gestione.

Anche io ero molto soddisfatto: avevo fatto esperienza ed avevo trovato una nuova tipologia di immobili da ricercare, quelli adatti al canone concordato.

3.3 Determinazione di attivo o passivo

Ogni volta che investiamo del denaro lo dovremmo mettere in un *attivo*. Questa definizione può creare confusione: quando si studia contabilità sono considerati attivi tutti i beni materiali o immateriali acquistati a fronte di un esborso finanziario, indipendentemente dal fatto che producano *cashflow* positivo o negativo. Questo può andare bene per la *finanza aziendale* (dove ogni fattore, in teoria, dovrebbe contribuire alla produzione di un utile), ma va rivista per il nostro campo, che è la *finanza personale*.

Esempio, situazione iniziale: ho €15.000 in cassa, non ho altri beni, non ho debiti.

ATTIVI		PASSIVI	0
Cassa	15.000	P. NETTO	15.000

Compro *un'automobile* da €10.000 utilizzando i miei soldi. La situazione sarà la seguente:

ATTIVI		PASSIVI	0
Cassa	5.000		
Automobile	10.000	**P. NETTO**	15.000

Ora poniamo il caso che *acquisti la casa dove andrò a vivere* con un mutuo 100%: per semplicità non considero spese notarili e bancarie, vorrei solo fissare il concetto della variazione patrimoniale.

ATTIVI		PASSIVI	
Cassa	5.000	Mutuo casa	100.000
Automobile	10.000		
Prima casa	100.000	**P. NETTO**	15.000

A differenza del caso precedente, non ho ridotto la colonna degli attivi (la cassa) per fare l'acquisto, *ma ho aumentato i passivi,* accendendo un mutuo. Il patrimonio netto, cioè la differenza fra attività e passività, non è cambiato (sempre €15.000).

Fin qui tutto chiaro? Se non dovesse esserlo mi permetto di consigliarti di seguire un corso (anche breve) di ragioneria o contabilità, che ormai si trovano facilmente su internet. Anche se pensi che i numeri non ti piacciano, che non ci sei portato o che la consideri una perdita di tempo, ti assicuro che sono essenziali per poter iniziare ad investire.

Ora poniamo il caso di voler acquistare *un monolocale da investimento*, finanziandolo con un prestito personale:

ATTIVI		PASSIVI	
Cassa	5.000	Mutuo casa	100.000
Automobile	10.000	Finanziamento	25.000
Prima casa	100.000		
Monolocale	25.000	**P. NETTO**	15.000

Sembra che non sia cambiato nulla, vero? Secondo i principi contabili che insegnano a scuola o all'università, hai comprato tre attivi (auto, prima casa e monolocale). Secondo Kiyosaki il problema nasce proprio da qui, dalla definizione di *attivo*: non è qualsiasi bene durevole che acquisto con il denaro, *ma solo ciò che mi mette soldi in tasca*. Tutto ciò che mi toglie soldi dalle tasche è un *passivo*. Il fatto che in contabilità vada tutto sotto la stessa colonna può creare confusione.

Analizziamo, quindi, i casi precedenti:

1) *Il monolocale è un attivo?* Tendenzialmente sì, perché il mio scopo è quello di fittarlo e di superare con il canone il costo del finanziamento, tasse e spese varie. E se i costi sono maggiori dei ricavi? Il monolocale diventerà un passivo, fino a quando non riuscirò a modificare la situazione (per esempio abbassando la rata del prestito o alzando il canone).

2) *La prima casa è un attivo?* Questo è il punto che crea maggiori difficoltà di comprensione. Il sogno di molti è quello di comprare una casa tutta loro, di solito accendendo un mutuo per potersela permettere. La prima casa, oltre a svolgere la funzione pratica di mettere un tetto sulla testa, ha anche la funzione emozionale di dare stabilità alla famiglia, di lasciare un bene ai figli per quando non ci saremo più, di permettersi di dire: *Questo posto me lo sono sudato, ed ora è mio!* Questi nobili scopi fanno

della casa un attivo? *No*. La casa, ogni mese, comporta delle spese (mutuo, tasse, manutenzione ecc.) che tolgono soldi dalle tasche, pertanto non rientra nella definizione che abbiamo dato di attivo. *Attenzione, questo non vuol dire che l'acquisto della prima casa sia un errore!* L'alternativa sarebbe quella di pagare l'affitto, quindi comunque necessiterebbe di un esborso monetario. Semplicemente, la casa non rientra nella nostra definizione di attivo.

3) *L'auto è un attivo?* No, in quanto comporta delle spese che sono maggiori delle entrate (che di solito non ci sono), pertanto sarà un passivo anche se è stata pagata senza accendere finanziamenti. *Mario, ma io l'auto la uso per andare a lavorare! Senza quella non potrei avere entrate!* Sento già queste critiche, come le sentivo quando ho parlato della casa. Mi permetto di ricordare che qui stiamo solo analizzando come le famiglie spendono, di solito, il loro denaro, e perché non si arrivi alla libertà finanziaria: i debiti per beni che non siano attivi, che

siano per l'auto, per la tv o per le vacanze, ci allontanano da questo obiettivo.

La definizione di attivo o passivo è fondamentale, quindi, per capire in cosa investiamo il denaro faticosamente guadagnato. Attenzione però, *è quello che facciamo a stabilire se un qualcosa rientra in una categoria o in un'altra.*

Per un tassista l'auto è un attivo, anche se la utilizza per scopi personali in quanto, tendenzialmente, i ricavi sono maggiori dei costi.

Una mia cliente si è recentemente trasferita da un'altra città, comprando una casetta con più stanze. La più piccola la utilizza lei, le altre le fitta: è riuscita a rendere un attivo ciò che di solito è un passivo, sono i suoi inquilini a pagare il suo mutuo.

E un *viaggio*? È sicuramente un ottimo modo di spendere i soldi e fa parte del concetto del godersi la vita e della cultura, ma è un attivo? Tendenzialmente no, in quanto tira fuori denaro dalle tasche senza ritorno finanziario, ma non è sempre così.

Elizabeth Gilbert, dopo un periodo molto difficile, ha deciso di fare *il viaggio della vita* che aveva sempre desiderato: un anno in totale, suddiviso in quattro mesi in Italia, quattro in India e quattro in Indonesia. Era già una scrittrice part time (lavorava come giornalista e si dedicava alla scrittura nel tempo libero), ma quel viaggio le ha permesso di scrivere *Mangia, prega, ama,* un bestseller che ha venduto oltre dodici milioni di copie nel mondo e da cui è stato tratto l'omonimo film, interpretato da Julia Roberts. Dopo il clamoroso successo ha iniziato a fare la scrittrice a tempo pieno.

Per lei, il viaggio è stato un attivo o un passivo? Considerando che senza non avrebbe potuto scrivere il libro (che è indubbiamente un attivo) si può considerare come una spesa necessaria per l'acquisto, un po' come il denaro o il finanziamento che utilizzo per comprare i monolocali da investimento.

Quindi, ribadisco il concetto, non è il bene o il servizio in sé ad essere un attivo o un passivo, ma è come noi lo usiamo. *Non è l'investimento ad essere buono o cattivo, ma siamo noi come investitori ad esserlo.*

3.4 Elementi da valutare nell'acquisto

Bene, grazie per i consigli, Mario! Non sembra affatto difficile! Domani cerco gli annunci sui siti, mi indebito, vado a fare la proposta e… zacchete! Compro un immobile! Cerco l'inquilino, scelgo il contratto ed è fatta!

Se pensi questo, grazie di cuore per aver letto questo libro, le nostre strade si dividono qui. Se pensi che sia facile, che non ci voglia impegno, passione o studio, forse non sei sulla strada giusta. Se cerchi soldi facili, ci sono tantissime pubblicità che potrebbero esserti utili, che a soli €19,99 ti permettono di creare una fortuna dal nulla, *provare per credere*!

Quello a cui mi dedico non è un lavoro, ma è impegnativo. Ogni volta che compri un immobile stai utilizzando i soldi che hai faticosamente guadagnato e risparmiato, oppure stai utilizzando capitale di prestito che dovrai restituire, privandoti di spese future. *Insomma, o i sacrifici li hai fatti prima, o li farai dopo, ma ci sono sempre.* Certo, ci sono alcuni metodi più intelligenti di altri: se è l'inquilino che paga il prestito in cambio del servizio che gli offri (l'affitto della casa) tanto di guadagnato, ma devi sempre partire dal presupposto che potrebbe non pagare. Purtroppo ci sono cose che vanno oltre la sua volontà: una causa persa, un incidente, un infortunio sul lavoro, potrebbero non permettergli più di onorare i propri debiti. Chi avrebbe potuto immaginare la pandemia del Covid-19, con tutto quello che ha comportato? Quindi, quando si fanno questi acquisti, si fanno un passo alla volta, piano piano. Ci saranno degli errori, ma è normale, fanno parte del processo di crescita. Poi si migliorerà sempre di più.

Iniziamo ad analizzare, innanzi tutto, quali sono gli elementi da prendere in considerazione prima di muoversi sul mercato. Il primo pensiero può essere: *il prezzo*! Ovviamente è *un elemento*, ma non *l'elemento* e, se vogliamo, non è neanche il più importante. Proviamo a fare un esempio: comprereste un'automobile ad un prezzo bassissimo? Mi auguro che abbiate risposto: *Dipende*, invece di dire subito *SIIIÌ*! Sinceramente mi chiederei: come mai il prezzo è basso? Che auto è? Ha problemi? Sono interventi gestibili o poi il costo salirebbe troppo? Colui che me la vende è il proprietario o è un truffatore? Eccetera, eccetera, eccetera. Se per una semplice automobile facciamo tutte queste domande, perché non dovremmo farlo anche per gli immobili? Possibile valutare solo il prezzo? Vediamo quindi quali sono gli elementi da analizzare prima di procedere con l'acquisto.

Il primo è la *zona*. Secondo un detto inglese, ci sono tre cose fondamentali nell'acquisto di un immobile: *location, location, location!* Dovete sceglierne una di riferimento, da conoscere come le vostre tasche. È consigliabile una vicina a dove abitate o lavorate e, comunque, che si possa raggiungere facilmente: non ha senso trovare un ottimo affare lontano centinaia di chilometri. Non dimentichiamo che qui non si parla di immobili da comprare e rivendere, ma da tenere. È molto probabile che l'inquilino chiami per un problema, che fate? Prendete due giorni di ferie e l'aereo? No, davvero non ne vale la pena. Scegliete voi la zona, ma deve avere le caratteristiche che servono per il mercato degli affitti: buona richiesta, offerta non molto alta. Se la zona che prendiamo in considerazione ha molti cartelli con fittasi e vendesi, non è buona: passiamo ad altro. Ci sono elementi che possiamo controllare ma la zona non è tra questi: se è un quartiere malfamato o sorge vicino ad una discarica potremo fare ben poco per risolverne i problemi, è meglio girare i tacchi e cercare altrove.

Quando cerco un immobile da investimento guardo bene sia la zona dove sorge che il *condominio* in cui si trova. Ha senso comprare un qualcosa che ti darà problemi, la cui sorte è annunciata già nella presentazione? Se il condominio si presenta sporco, trascurato, con i cartelli nella bacheca condominiale che indicano che ci sarà un taglio della fornitura idrica per morosità... insomma, ne vale la pena?

Un altro parametro che mi fa scattare il campanello di allarme è il numero di *vendesi* fuori al portone: se sono troppi potrebbe esserci qualcosa che non va. Perché in tanti vogliono vendere? Attenzione, non è detto che sia una situazione negativa:

1) I cartelli possono essere vecchi e mai tolti;

2) spesso, se le agenzie non richiedono l'esclusiva, più cartelli possono riferirsi allo stesso immobile;

3) Per una coincidenza, potrebbero essere più situazioni di eredità, come nei casi dei condomini abitati principalmente da anziani.

In ogni caso è bene approfondire. Come vedremo a breve sono a favore delle situazioni problematiche: è proprio lì che possono nascere le migliori opportunità. Ma bisogna stabilire *quanto problematiche*: se lo sono troppo, in termini di rischio, costo o tempo, il gioco non vale la candela ed è meglio cercare altro. Se il condominio è buono, o comunque decoroso, conviene procedere con l'analisi.

Dopo aver analizzato la zona ed il condominio, bisogna valutare *l'immobile* in sé. Come avete capito, io punto a quelli più piccoli, monolocali o al massimo bilocali. Perché? Perché ho notato che l'affitto non è strettamente proporzionale all'estensione, ma lo è in maniera decrescente: è esperienza comune vedere che la somma dei fitti di tre monolocali da 30 mq sia maggiore di quello di un appartamento di 90 mq. C'è, inoltre, un altro motivo: *la gestione del rischio*. Per tornare all'esempio, cosa accade se investo nell'appartamento di 90 mq e l'inquilino non paga? Oltre al danno, dovrei pagare la rata del finanziamento, probabilmente elevata, per quell'immobile. Se *fraziono* il rischio con tre monolocali, qualora uno non dovesse pagare avrei un impatto inferiore sulle mie finanze.

Ci sono prezzi al di sopra e al di sotto dei quali il mercato non va: questo tipo di analisi viene definita *tecnica*, molto utilizzata nel mercato dei titoli.

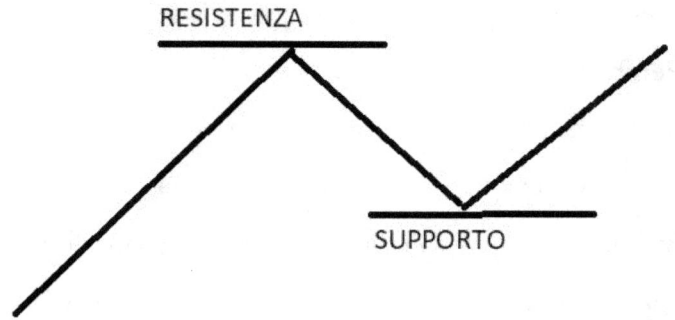

La parte inferiore è definita *supporto*, cioè il prezzo sotto al quale il venditore non è disposto a cedere il bene (nel nostro caso, un immobile in affitto). L'ho scoperto con il mio primo monolocale: il suo fitto era più basso rispetto a quello del mercato, per questo ho ricevuto tantissime telefonate. Quell'esperienza mi è servita per i fitti successivi.

La parte superiore è detta *resistenza*, cioè il prezzo al di sopra del quale l'acquirente non è disposto a prendere il bene o il servizio.

Questo tipo di analisi è necessaria sia per capire a quale prezzo minimo e massimo riusciamo a fittare l'immobile, che per provare a prevedere il *trend* del mercato degli affitti di quella zona: è in crescita, in riduzione, in stallo (o *laterale*, come si dice in gergo tecnico)? Conviene investire a lungo termine o è meglio fermarsi?

Dopo aver valutato il fitto potenziale, è necessario capire di più sull'immobile: è già pronto o è da ristrutturare? Se ci sono da fare lavori, quanto sono impegnativi? Quanto incidono sul costo finale, tenendo conto anche di una quota imprevisti?

Abbiamo bisogno, insomma, di una *valutazione oggettiva*. Questo ci fornirà l'elemento di partenza, il *budget*, che poi confronteremo con l'analisi tecnica fatta sopra: riesco ad ottenere un cashflow tale da avere un margine? I costi del finanziamento sono inferiori rispetto al fitto che potrei ricavare?

È importante valutare tutto questo. Parlavo con un mio amico che voleva investire in una seconda casa da mettere a reddito. Quando ho sentito il prezzo, ho chiesto: *Scusa, ma a quanto hai intenzione di fittarla per rientrare dai costi?* Ovviamente, non lo sapeva. Allora l'ho incalzato, e gli ho chiesto: *Secondo me, non rientri. Perché stai comprando proprio quella casa?* La risposta: *Perché è bellissima!*

Ora, tentiamo di capire il motivo per cui facciamo tutto questo. Vogliamo comprare case per averne tante, sacrificare il nostro reddito per pagarle, e permettere a qualcuno di viverci ad un costo più basso di quello che costa a noi? Ognuno è libero di fare le scelte che vuole, ma queste mi sembrano alquanto deleterie! È come comprare un qualcosa a 300 euro e rivenderla a 200. Si potrebbe obiettare: *OK, ma dopo qualche anno la proprietà resta a noi! Conviene sacrificarsi un po', visto che l'inquilino paga una parte dei costi!* In realtà non è proprio così:

1. Se ho fatto un mutuo a venti anni, vuol dire che avrò finito di pagare la casa dopo quel periodo: nel frattempo avrò dovuto assorbire una parte dei costi per far vivere il mio inquilino, che invece ha una situazione di puro vantaggio;

2. E se l'inquilino non paga? Mi trovo a sacrificare il mio reddito (e quindi, lo stile di vita della mia famiglia) e pagare anche le spese che non

dovrebbero essere di mia competenza (acqua, condominio e quant'altro) per una casa che avrò finito di pagare *fra venti anni*?

Per questo insisto tanto sul discorso del *cashflow*: è qui che sbagliano molti che desiderano investire. Dopo aver preso il primo o il secondo immobile a reddito, si rendono conto che il fitto non è sufficiente a pagare le spese: nella migliore delle ipotesi smettono di investire ulteriormente, nella peggiore vendono tutto, spesso rimettendoci.

Conviene fare una buona analisi prima, in modo da non avere problemi dopo. *Quando vediamo un immobile, non dobbiamo considerare se è perfetto per noi, ma per il potenziale inquilino.* Anche la ristrutturazione va fatta con gli stessi criteri: non possiamo inserire elementi di lusso, se abbiamo deciso che il nostro target è lo studente universitario! Cerchiamo qualcosa che sia funzionale ed adatto a lui: piuttosto che la vasca idromassaggio, che ha notevoli costi di gestione, forniamogli scrivania, libreria e collegamento ad internet, in modo da dargli qualcosa che possa davvero aver valore, a cifre convenienti.

Attenzione, quindi, alle scelte che facciamo.

Nei prossimi capitoli vedremo altri elementi da valutare, come l'assenza di ipoteche e valore della rendita catastale.

3.5 Soluzioni creative

È difficile trovare gli affari su internet o sui giornali: se qualcuno vuole vendere qualcosa, come minimo si è informato sul possibile prezzo da richiedere. Se non lo ha fatto e vede che gli arrivano diverse richieste, probabilmente intuirà che il prezzo è troppo basso e lo alzerà, o comunque avremo tantissima concorrenza che renderà difficile portare la trattativa a nostro favore.

Quindi ci sono due alternative:

1) Aspettare che un proprietario venga a bussare alla nostra porta e ci dica: *Devo vendere un ottimo immobile a prezzo bassissimo. Lo vuoi tu, proprio tu, fra tanti? Scegli il prezzo e le condizioni!*

2) Dobbiamo proporci noi.

Temo che fra le due alternative l'unica percorribile sia la seconda, per cui conviene iniziare a muoverci.

Come trovare gli immobili? Ci sono vari modi in cui utilizzare osservazione, intuito e creatività.

Andavo a trovare un amico in un ottimo condominio, e vedevo la porticina di un ammezzato (*sì, come al solito!*) sempre chiusa. Piccole ragnatele denotavano il fatto che non fosse utilizzato da tempo. Ho chiesto informazioni al mio amico che mi ha risposto: *Lascia perdere! I proprietari lo hanno abbandonato da anni e la persona che lo utilizza non vuole saperne di cederlo!* Anche lui lo desiderava come deposito, ma non sapeva come fare. Preparai due semplicissimi bigliettini, in cui scrivevo: *Sono interessato all'acquisto di monolocali in zona. Se vuole può contattarmi al…….* Ne lasciai uno vicino alla serratura ed uno sotto l'uscio della porta. Non dissi nulla a nessuno, neanche al mio amico, e me ne andai. *Se son rose, fioriranno*, pensai.

Avevo fatto tutto il possibile, ora dovevo solo attendere. Qualche mese dopo mi chiama il mio amico: lo aveva contattato il gestore dell'appartamento! Dato che si conoscevano e si rispettavano, questi aveva contattato lui, e non me, per la vendita. Era emozionatissimo. Gli chiesi la cifra richiesta, e quando me la disse risposi: *è troppo alta. Hai avuto pazienza fino ad oggi, non essere precipitoso!*

Nel frattempo ci informammo con una visura catastale per vedere se ci fossero ipoteche o meno: era libero. Vedemmo anche i nomi dei proprietari: erano persone di un'altra regione, evidentemente non interessate a muoversi per un immobile di valore così basso. Avremmo potuto prendere accordi direttamente con loro, ma a quale scopo? Avremmo tradito la fiducia di una persona che, comunque, si era rivelata corretta, e che avrebbe potuto mettere in atto un'azione legale (chiamata *usucapione*) per riappropriarsi del bene. No, il gioco non valeva la candela.

Il mio amico fu contattato nuovamente qualche mese dopo e gli fu proposto un incontro, al quale partecipai anche io. Fu una situazione molto buffa: il cedente non sapeva che fossi io quello del bigliettino! Si accordarono per un prezzo che era circa la metà di quello iniziale. Solo allora il mio amico contattò i veri proprietari in modo da dare una consacrazione ufficiale a quell'accordo di fatto. A passaggi effettuati andai anche io a vedere l'immobile: avevo visto giusto. Era da ristrutturare, ma perfetto per l'investimento.

È stata una situazione in cui non ho guadagnato né soldi né immobili, ma andava bene così: nel mio piccolo avevo contribuito a realizzare il desiderio di una persona cara. Inoltre avevo fatto esperienza ed utilizzato un trucco che poteva essermi utile in altre situazioni.

Qual è un altro sistema per trovare occasioni? Ricordiamo il mantra: *Dove ci sono problemi nascono le opportunità*, e l'ho appreso sulla mia pelle.

Per un breve periodo, meno di due anni, ho fatto l'amministratore del mio condominio. Avevo acquistato da poco il mio appartamento e non ne potevo più di sentire gli stessi problemi ad ogni riunione. Tutti gli amministratori che si erano succeduti avevano tralasciato alcuni lavori e situazioni che, accumulatesi negli anni, erano diventati problemi seri. In quella occasione contattai i proprietari morosi.

Quale lezione ho appreso da questa storia? Che i condomini morosi e che non si fanno sentire sono una seccatura per gli amministratori di condominio, ma un'opportunità per noi. Parlate con gli amministratori, fornite loro una soluzione *gratuita* (scandite bene questa parola!) al problema. Chiedete quali sono le situazioni difficili che affrontano, andate a vedere i palazzi. Se il punto è buono ed il condominio interessante, passate alla seconda parte del piano: *verificate l'immobile catastalmente*. Sono informazioni di pubblico dominio, pertanto non è complicato. Valutate la *categoria catastale*: è un appartamento, un locale commerciale, un deposito? Verificate la presenza o meno di ipoteche o procedure concorsuali. Non ultimo, valutate la *rendita*: è il parametro su cui sono calcolate sia le tasse per il passaggio notarile che quelle per la gestione. Una volta in possesso di queste informazioni potete contattare il proprietario. È molto importante la presentazione e *l'empatia*, cioè la capacità di mettersi nei panni della controparte. Non vi conosce, non sa che intenzioni avete, è chiaro che sia diffidente. Ed anche voi non sapete nulla: ci tiene a quell'immobile perché ricco di ricordi? Vuole liberarsene? Insomma, nel primo incontro serve molto tatto e sincerità. Se vogliamo non è molto diverso dal bigliettino che ho lasciato nel condominio del mio amico, è come dire: *Piacere, non ho alcuna intenzione di disturbarti. Permetti una parola? Se è una cosa che ti può interessare, bene, altrimenti non ti importunerò ulteriormente.* Chi di voi si sentirebbe offeso da una frase così fatta? Probabilmente nessuno. Magari la controparte non avrà tempo da dedicarvi, non vorrà starvi a sentire o non sarà interessato, ma sicuramente non sarà offeso. Se la sua intenzione è quella di ascoltarvi, può essere che abbia anche intenzione di vendere. Da lì i passi successivi sono quelli di una qualsiasi trattativa immobiliare: si visiona l'immobile una o più volte e, se si raggiunge l'accordo, si conclude. Di solito questa operazione è *win-win*, e cioè che tutte le parti in gioco risultano soddisfatte, per una serie di motivi:

    1) Il venditore ha un problema in meno e denaro in più;

    2) I condomini, molto probabilmente, vi accoglieranno favorevolmente (visto che avete risolto un problema);

3) Quasi certamente l'amministratore vi ricontatterà per situazioni simili: avrete ulteriori occasioni di investimento per voi o per i vostri conoscenti;

4) Voi avrete comprato un immobile senza concorrenza, grazie al vostro ingegno.

In questo modo ho acquistato il mio terzo immobile da investimento. Mi fu segnalato da una persona molto sveglia, che aveva intuito come, in quel caso, l'intervento di un legale avrebbe solo portato via tempo e soldi, senza risolvere alla radice il problema. Una signora anziana aveva di fatto regalato un piccolo appartamento (circa 40 mq) ad un suo conoscente, con l'unico onere da parte di quest'ultimo di pagarne le spese e di prendersene cura. L'ingenuità di questa signora ha fatto sì che non chiedesse mai le ricevute di pagamento, né che si informasse della situazione. Figuratevi la sua sorpresa quando si accorse, dopo qualche anno, del debito condominiale che si era creato! Pur di liberarsene chiese a questa persona di prendere l'immobile pagando le sole spese notarili, ma purtroppo non riuscirono ad accordarsi in questo senso. Lo stallo andò avanti per alcuni mesi fino a quando non mi informarono della situazione: presi contatto con la signora e nel giro di pochissimo, alla presenza dei suoi cinque figli, concludemmo l'atto. Per quella famiglia fu una gioia, si erano tolti un peso... mi ringraziarono, ma fui io a ringraziare loro per la possibilità concessami. È bellissimo sottoscrivere un accordo *win-win*, ti riempie il cuore. Promisi che la casa avrebbe riconquistato la gloria di un tempo e così feci: dopo una piccola rinfrescata la proposi in affitto. Neanche una settimana dopo avevo concluso con una giovane famiglia che conoscevo, dove c'era un bimbo di un anno ed il secondo in arrivo. Fu anche il mio primo contratto con cedolare secca e canone concordato. La casa, che era stata una maledizione per qualcuno, era diventata una benedizione per altri.

3.6 I cicli economici

Quando inizia a cambiare la mentalità, inizi ad essere recettivo per qualsiasi cosa riguardi gli investimenti, ed è proprio così che nascono le idee. In realtà è questo il modo in cui lavora il nostro cervello: nota ciò di cui è nutrito. Curiosamente, lo capii la prima volta quando ero piccolo, a nove anni. Mia madre era in attesa di mia sorella e vedevo il pancione crescere sempre di più. Una sera d'estate, mentre ero in giro con lei per una passeggiata, esclamai: *Mamma, quante donne incinte, proprio ora che lo sei anche tu!* Lei mi spiegò che c'erano anche prima (e ci sarebbero state dopo), solo che ora le notavo.

La stessa cosa accade quando devi cambiare auto ed hai scelto un modello in particolare: inizi a vederlo ovunque, mentre prima non accadeva.

Mi accadde ad un pranzo con amici. Uno di loro stava per comprare la sua prima casa e, dato che avrebbe dovuto affrontare spese ingenti, voleva vendere l'oro che gli avevano regalato da bambino. Da quello che sapeva il mercato era alto in quel periodo (rispetto a pochi anni prima) e l'operazione era conveniente.

Pensai che poteva essere un'idea: come funzionava il mercato dei metalli preziosi? Andava studiato. Era successa una cosa simile a quella che ho raccontato in un capitolo precedente, quando avevo diciassette anni, c'era stato il passaggio dalla lira all'euro ed i prezzi degli immobili erano all'improvviso saliti: semplicemente ora cambiava il bene oggetto di studio, ma il ragionamento era lo stesso.

Andai a comprare *Guida per investire nell'oro e nell'argento* di Micheal Maloney: oltre ad essere una lettura interessantissima, fa notare come il mercato dei preziosi si muova spesso in maniera diversa rispetto al mercato degli altri attivi. In effetti nel periodo che stavo considerando stava accadendo questo:

ORO E ARGENTO　　　　**IMMOBILIARE**

È come se la ricchezza si spostasse da un mercato all'altro ciclicamente: se si riescono ad intuire le varie fasi del *ciclo economico* possono nascere grosse opportunità, quindi proviamo a studiarlo.

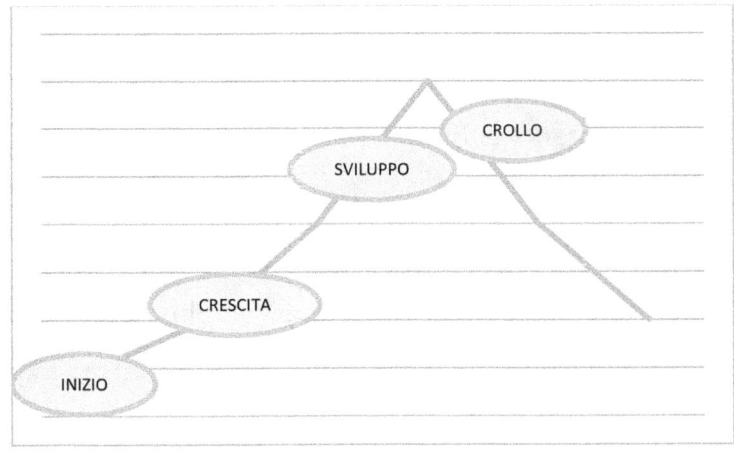

Nella fase iniziale i prezzi di un bene sono molto bassi: sembra che nessuno se ne accorga o li voglia. Poi il mercato sale: il cambiamento diventa evidente ed in tanti iniziano ad investire in quel campo, per non perdere l'affare ed evitare di dover spendere di più in futuro per lo stesso bene. Inevitabilmente, dopo qualche tempo il mercato si ferma, o crolla all'improvviso: chi non ha *l'istruzione finanziaria* adeguata può perdere forti somme, chi la ha può accumulare ricchezze incredibili.

Ho deciso in quel momento che avrei iniziato ad affiancare allo studio del mercato degli immobili quello dell'oro e dell'argento, in particolare quello fisico. La lettura di *Investire in argento fisico – Come e perché* di Gaiolini-D'Ettore è stata un'ulteriore fonte di idee: in effetti veniva spiegato come per iniziare ad investire in quel campo non fosse necessaria chissà quale cifra. Per Natale, al posto di comprare qualcosa che dopo poco avrebbe perso valore, mi regalai alcuni lingottini ed una moneta australiana, la Kookaburra, da un'oncia troy (31,1 g), tutto in argento puro.

Ho fatto un affare? Dipende dai punti di vista:

- No: sono entrato in un mercato in salita da alcuni anni;

- Sì: con una cifra molto bassa (neanche comparabile con quella richiesta per il mercato immobiliare) ho fatto esperienza in un mercato che non conoscevo;

- Sì: al posto di comprare *ciarpame* ho acquisito un *attivo*.

Giusto per dare un'idea: nel 2011 l'argento è arrivato a toccare €1.000 al chilogrammo circa, nel 2014 €450, nel 2020 circa €700. Ma questo è il prezzo di borsa, mentre il prezzo di acquisto può essere diverso: l'argento, specie nella forma dei lingottini da 50 o 100 grammi (rari e richiesti) nel 2020 si era attestato intorno ai 1.000 euro. Quindi, immaginate se qualcuno lo avesse comprato nel 2014 e rivenduto dopo soli cinque o sei anni: avrebbe avuto un raddoppio del valore.

Quindi ho capito cosa avrei dovuto fare: *comprare quando tutti vendono, vendere quando tutti comprano*. Non era un'idea nuova ma spesso, in preda all'emotività, non viene seguita. Era quello che stavo già facendo con gli immobili, per cui decisi di non continuare a comprare oro e argento: avrei atteso il prossimo momento giusto nel mercato.

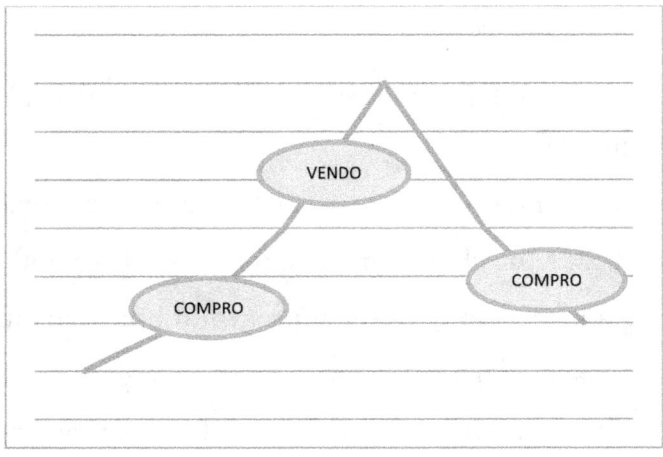

4 Gli elementi soggettivi negli investimenti

4.1 Atteggiamento mentale

La cosa bella di quando cambi la tua mente è che inizi a capire quanto il mondo sia pieno di opportunità. Se prima ti lamentavi per quello che ti mancava, ora apprezzi quello che hai ed inizi a metterlo a frutto. Se tutto questo funziona irradi un'energia che fa bene a te stesso e agli altri.

In una chat di WhatsApp un mio amico manda l'offerta di un immobile: il prezzo era molto vantaggioso rispetto a qualche anno prima. Subito uno del gruppo risponde: *Bello, per chi ne ha la possibilità…* Faccio notare che, spesso, si tratta di limiti mentali. C'è chi non sa come trovare i fondi per acquistare un monolocale di €30.000 e c'è chi, pur avendo sul conto €100.000, pensa di non potersi permettere la villetta che aveva sempre sognato, il cui prezzo è sceso da €600.000 a €300.000. Le scuse sono di solito:

- *Ora non posso, sto già pagando il mutuo;*
- *I figli richiedono grossi sacrifici;*

- *Non ho tempo, sono impegnatissimo con il mio lavoro;*

e tante altre. Non riusciamo a capire che i momenti buoni sono passeggeri: una volta persi resta solo il rimpianto. Certo, bisogna essere pronti. È un po' come il confronto fra una persona che segue la dieta e si allena regolarmente ed una che passa il suo tempo fra snack e divano: in caso di gara di corsa, chi ha maggiori possibilità di partecipare e vincere? Magari il primo potrebbe non vincere, ma sicuramente potrà partecipare. Il secondo neanche quello.

La stessa cosa accade negli investimenti o, più correttamente, nell'acquisizione degli attivi (*ricorda, l'attivo è ciò che ti mette denaro nelle tasche*). Se la tua mente è impegnata solo nella gratificazione immediata, nel concetto del *lavoro sodo, mi devo godere la vita*, o se ritieni che investire sia rischioso e non faccia per te, i tuoi pensieri condizioneranno le tue scelte.

I pensieri sono un'arma potentissima, che può essere rivolta a tuo favore o contro di te. Se pensi in maniera positiva, le tue azioni ne saranno la conseguenza... ma purtroppo anche se pensi in maniera negativa. Mi viene in mente *la storia dei due lupi*. Ci sono due lupi in ognuno di noi. Uno è cattivo, vive di rabbia, odio, gelosia, invidia, risentimento. L'altro è buono e vive di pace, amore, speranza, generosità, umiltà. I due lupi sono sempre in conflitto fra loro. *Sai quale vince alla fine? Quello a cui tu dai da mangiare.*

Pensi che nel tuo ufficio siano tutti menefreghisti, che fai tu tutto il lavoro ma i riconoscimenti vadano agli altri? Molto probabilmente lavori sempre peggio, la mattina ti svegli già arrabbiato e stressato, tratti male colleghi e clienti e pensi di avere il diritto di farlo. Poi, all'improvviso, accade qualcosa che ti fa cambiare idea. Vedi un collega che si sta impegnando in un progetto difficilissimo che può portare benefici per tutti, e lo sta facendo senza chiedere l'aiuto di nessuno. Un altro non manca mai dall'ufficio, nonostante i problemi personali (si prende cura di un parente non autosufficiente, sta divorziando o ha problemi di salute). In un certo modo ti rendi conto che l'ambiente circostante non è poi così male, *ed inizi a vivere con gratitudine*. La variazione del tuo pensiero si riflette sugli altri, che modificano il modo di porsi con te, o forse sei solo tu che percepisci in maniera diversa ciò che loro fanno, anche se il loro comportamento, in realtà, non è cambiato. Ora vivi meglio, sei più sereno. Questa serenità si trasmette ai tuoi familiari, amici ed a chiunque venga in contatto con te: sembri una persona diversa, ed invece hai solo cambiato il tuo modo di vedere ciò che accade.

Questo può essere un esempio di come il cambio dell'atteggiamento mentale possa modificare le nostre azioni.

4.2 Il potere delle abitudini

Qualche anno fa ho iniziato a cambiare i miei pensieri. Ad Einstein è (erroneamente) attribuita la frase: *La follia è fare sempre le stesse cose ed aspettarsi un risultato diverso*, quindi ho cambiato le mie abitudini. Ho iniziato a scrivere gli obiettivi a breve, medio e lungo termine, sia affettivi, che professionali, che economici. Se fai questo lavoro seriamente capisci che tutto avviene con piccoli passi, poco alla volta. All'inizio sbagliavo, in quanto c'erano frasi come: *fra dieci anni voglio raggiungere la libertà finanziaria, voglio passare più tempo con la mia famiglia, voglio rendere mia figlia felice*, ed altri. Quelle erano sì le mie intenzioni, ma così erano mal poste. Scrivere gli obiettivi aiuta molto: quando li rileggi dopo qualche tempo ti rendi conto che non solo non li hai raggiunti, ma non hai nemmeno iniziato a lavorare per farlo!

Ho cambiato modo di scriverli, per esempio:

- *Non devo entrare più sui social network;*
- *Spegnere il cellulare ogni sera al massimo alle 20;*

- *Dare sempre la cena a mia figlia;*
- *Svegliarmi al massimo alle sei, anche nei weekend;*

ed altre indicazioni fatte in questo modo. Vi sembrano cose difficili? Sicuramente no, ma per applicarle serve molta costanza, almeno agli inizi, perché nessun cambiamento è mai facile. Quali sono stati i riflessi di queste piccole, piccolissime variazioni?

Se non le avessi vissute in prima persona non ci avrei mai creduto.

Ho parlato prima del *non entrare più sui social*: da allora ho iniziato a leggere regolarmente, un'altra piccola nuova routine che ha accelerato il processo di cambiamento.

Spegnere il cellulare al massimo alle 20 si è rivelato più importante di quello che mi aspettassi. Pensiamo a quello che facevamo prima della comparsa degli smartphone: volevi fare una ricerca su Google, leggere le e-mail, vedere le ultime notizie? Ti alzavi e facevi tutto questo alla postazione computer. *Era una tua scelta consapevole* quella di allontanarti da familiari, amici e colleghi per farlo. Adesso tutto questo ti raggiunge sullo smartphone e può capitare che tu, quasi *inconsapevolmente*, ti estranei dal mondo circostante per immergerti nei tuoi pensieri. Sono assolutamente a favore della tecnologia, ma credo che debba essere al nostro servizio, non noi al suo. Questo mi ha fatto avvicinare all'obiettivo di trascorrere più tempo con la mia famiglia: magari il numero di ore non era cambiato, ma la qualità sì.

Il terzo punto, *dare la cena ogni sera a mia figlia*, è quello che mi ha sorpreso di più. Aveva otto o nove mesi ed avevo un po' di timore nel farlo, per questo lo faceva mia moglie. Poi ho iniziato ed è stato bellissimo. Pian piano si è rafforzato il nostro legame e mia moglie aveva guadagnato un po' di tempo per dedicarsi ad altro. Dalla semplice cena si è poi passati a giocare insieme ed a fare delle passeggiate, ma tutto è partito da una piccola abitudine!

Lo *svegliarmi al massimo alle sei, anche nei weekend* mi ha permesso diverse cose. Innanzitutto non starei scrivendo questo libro: lo faccio la mattina prima di andare al lavoro, o prima di adempiere agli impegni del sabato e della domenica. Ora che ci penso anche questa è una nuova routine virtuosa: mi sveglio ed inizio a scrivere, solo dopo faccio colazione (fino a poco tempo fa era impossibile per me aprire gli occhi senza caffè). Lo svegliarmi sempre presto mi ha aperto nuove possibilità. Ho avuto un trasferimento presso una filiale più vicina a casa mia ed avevo due alternative: andare con la macchina, svegliandomi più tardi, o con i mezzi pubblici, non modificando l'orario. All'inizio andavo con la macchina, ma non per pigrizia: non conoscevo i ritmi della filiale, non avevo mai fatto il pendolare con il pullman… erano troppe cose nuove, tutte insieme. Ho iniziato un passo alla volta. Dopo tre mesi dall'inserimento nel nuovo ambiente lavorativo ho iniziato a prendere il bus, la prima settimana con biglietto giornaliero, poi settimanale ed infine mensile. Non è stata una variazione semplice: chi preferisce fare tutto questo quando c'è l'automobile sotto casa, pronta a qualsiasi orario tu voglia? È stato reso possibile dalla nuova *forma mentis* che stavo acquisendo. Senza avrei desistito subito, anzi, probabilmente non avrei neanche preso in considerazione l'idea. Quando decidi di prendere il bus e non lo hai mai fatto, né conosci nessuno che lo faccia, ti assalgono i dubbi: con quale compagnia? E se fanno sciopero e non lo so? Se esco sempre tardi e devo prendere quello successivo dopo due ore? Ora vediamo perché l'esperienza dei mesi precedenti mi ha consentito di affrontare più agevolmente questi cambiamenti

1) Lo svegliarmi sempre presto mi ha fatto vincere l'eventuale pigrizia. Perché svegliarmi alle 6 quando potevo tranquillamente farlo alle 7.30? Questa abitudine ha fatto sì che il passaggio non fosse doloroso;

2) Il leggere faceva ormai parte di me, come mangiare o dormire. Con il bus avrei potuto continuare a farlo per più di un'ora al giorno, sia alla fermata che nel tragitto, cosa che l'auto non mi consentiva. Come si suol dire, *avrei colto due piccioni con una fava*: più tempo per leggere ma senza sacrificare quello con la mia famiglia;

3) La mia auto ormai aveva quattordici anni ed un numero enorme di chilometri. Percorrere il

tragitto quotidianamente mi avrebbe costretto a cambiarla da lì a breve. Ma l'auto è un passivo... perché non provare a farla resistere almeno un anno o due in più, comprando nel frattempo attivi con le cui entrate avrei potuto pagare le rate per sostituirla?

Quindi ho iniziato a prendere il pullman, considerandolo un beneficio e non un sacrificio. *Non ero costretto a farlo, volevo farlo.*

È incredibile come piccole regole (o routine) introdotte quotidianamente modifichino il modo di intendere la vita. Ne avevo già la prova empirica tramite la mia esperienza, ma ne ho avuto la consapevolezza piena leggendo il libro di Charles Duhigg, *Il potere delle abitudini*. Mostra come si possa cambiare un'abitudine anche distruttiva (tabacco, alcool) sostituendola con piccole routine. Ho visto che davvero era possibile.

Ho rafforzato questo approccio anche per la libertà finanziaria, iniziando a redigere periodicamente uno stato patrimoniale ed una bozza di conto economico. Non avevo più il generico obiettivo dell'indipendenza finanziaria in dieci anni, ma obiettivi più specifici: *Entro _____ anni devo avere rendite passive per _____ euro al mese. Per farlo devo acquistare n. _____ monolocali o bilocali, da fittare a _____ al mese, finanziandoli _____"*

Ora gli obiettivi stavano diventando sempre più chiari e realizzabili.

4.3 – Forma mentis e pensiero

Spesso mi rendo conto che è un problema di mentalità. Se dico che devo comprare un'auto da €20.000 facendo un finanziamento, la gente pensa: *è giusto, lavora, la sua è vecchia, se la merita*. Se invece dico che l'auto può attendere e c'è un'occasione immobiliare dello stesso importo, che potrebbe generare un buon fitto, mi sento dire: *Sei pazzo ad investire? Non sai che le case costano? E le tasse? E se l'inquilino non ti paga?*

Mentalità. Per il nostro vivere comune è *normale e sano* fare debiti per un passivo, mentre è *anomalo ed incerto* farli per un attivo.

Spesso sono proprio le persone più vicine quelle che possono spingerti in basso. Dal loro punto di vista, lo fanno per amore e perché ti vogliono bene: si preoccupano per quello che potrebbe accaderti. Cosa fare in questi casi? Ascoltarli, ma procedere per la propria strada. Perché ascoltarli? *Perché potrebbero avere ragione loro.* Perché procedere? *Perché potresti aver ragione tu.* La situazione non è molto diversa rispetto a quella vissuta dal mio cliente dell'ex-Ilva del quale ho parlato qualche capitolo fa, che diceva: *cosa penseranno di me se dovesse andare male?*

Nel *budget* che facciamo quando acquistiamo un immobile mettiamo anche queste considerazioni: dopotutto sono un punto di vista ulteriore, diverso dal nostro. Attenzione anche alle lusinghe sterili, a coloro che dicono (senza pensarlo davvero): *Bravo, stai andando fortissimo, continua così!* Come dice Jovanotti in una vecchia canzone: *I complimenti costano poco, e certe volte non valgono di più. Quello che sei, dove vai, ciò che vuoi, lo sai soltanto tu.*

Io ho paura. Ho paura ogni volta che vado a vedere un immobile, che accendo un finanziamento o uso i miei risparmi per l'acquisto, che seleziono l'inquilino. Ho una *fifa blu* che non passa neanche con il tempo e l'esperienza. Poi penso, però, che *non c'è persona che abbia guadagnato senza aver mai perso*. C'è il momento in cui un inquilino non paga, ci sono intoppi o riparazioni da fare: si affronta la situazione, che è un'incredibile occasione di crescita, di quelle che non si insegnano a scuola.

La paura è normale, non lo è permetterle di paralizzarci. Ricordo i tempi dell'Università: studiavo ed il giorno prima dell'esame l'ansia iniziava a salire. C'erano ragazzi molto più preparati di me che non si presentavano. Il risultato? Nel bene o nel male, io andavo: se la prova fosse andata bene avrei portato a casa un buon voto, se fosse andato male avrei avuto occasione di imparare. Se restiamo nel nostro guscio perdiamo tante occasioni che altri possono cogliere.

La stessa cosa succede ora, nell'ambito economico. Sento spesso dire:

- *Non posso farlo, ho famiglia e non posso rischiare;*
- *Non posso indebitarmi ulteriormente, ho troppi finanziamenti;*
- *Non ho tempo per studiare:*
- *Non ho tutti quei soldi da spendere in libri;*
- *Investire è rischioso.*

Anche io ho famiglia. Anche io ho debiti, ma li uso per elevare il mio livello. La giornata è fatta di 24 ore per tutti, semplicemente cerco di sfruttarla al massimo, dedicando il giusto tempo ed energie a lavoro e famiglia, trovando un po' di spazio per lo studio. Non vedo molta televisione, per esempio: quanto tempo le dedicano le persone che *non possono studiare*? Si trovano facilmente anche i soldi per i libri e per la formazione. Un testo costa fra i dieci ed i venti euro, ma ti permette di acquisire la *forma mentis* giusta: davvero non puoi permettertelo? Inizia a cercare persone come te, presta i tuoi e fattene prestare altri, comprali usati: i metodi ci sono, spesso è la voglia che manca. È proprio questa la cosa difficile: passare dalla pigrizia di: *è inutile pensarci, non posso permettermelo*, al lavoro celebrale del: *come posso permettermelo?* Non a caso Napoleon Hill ha scritto il suo bestseller intitolandolo *Pensa ed arricchisci te stesso*, mica *Convinciti che non puoi farlo e dormi sonni tranquilli*!

Il pensiero condiziona le azioni, parte tutto da lì. È difficile? No, ma bisogna dedicarvi tempo ed energia, ed è più facile pensare che non possiamo.

Senza contare l'affermazione *è rischioso*: secondo me è molto più pericoloso dipendere da una sola fonte di reddito che da molteplici. A proposito di questo, fare un'attività che gratifichi è importante, ma attenzione a tramutare la propria passione in lavoro: ne parleremo nel prossimo capitolo.

4.4 Passione e lavoro. Il genio e le pressioni

Vi è mai capitato di trasformare la vostra passione in lavoro? Mi piace il detto: *Se fai quello che ti piace non lavorerai neanche un giorno della tua vita*. È sempre così? Vi racconto la mia esperienza.

Quando ero in terza media avrei dovuto decidere a quale scuola superiore iscrivermi. Avevo escluso i licei in quanto non mi piaceva l'idea di essere *costretto* a conseguire la laurea, pertanto la scelta ricadeva su una scuola tecnica. Ma quale?

Non avevo la più pallida idea, ma due miei cugini più grandi erano iscritti ad Informatica, materia che interessava anche a mio fratello più piccolo, così stavo pensando di frequentare quella scuola.

Mio padre mi ferma e mi parla di Ragioneria: da non credere, era proprio quella adatta a me! Iniziai le lezioni, mi piaceva ed i risultati non tardarono a farsi attendere. Dopo un biennio uguale per tutti scelsi di entrare nel corso di Ragionieri Programmatori perché era selezionato:

sceglievano due alunni per classe, quelli con i voti più alti. *A quanto pare l'informatica è comunque il mio destino*, pensai.

Mi appassionai alla programmazione, andando ben oltre quello che insegnavano i docenti. Compravo manuali e restavo sveglio fino a notte fonda per creare i miei programmi. Ogni volta che vedevo che alcuni esercizi di altre materie erano noiosi o ripetitivi mi chiedevo: *Ma perché non creare un software che faccia tutto da solo?* E così facevo.

Mi diplomai e potevo scegliere se iscrivermi ad Economia o ad Informatica: non era facile per me, ma scelsi la prima perché comunque era il mio campo di interesse principale ed aveva fortissime attinenze con il mio piano di studi superiore. Inoltre c'era la sede universitaria nella mia città, mentre nell'altro caso mi sarei dovuto trasferire, con un notevole aggravio di costi per la mia famiglia.

Comunque, poco dopo fui assunto come programmatore presso un'impresa locale... non riuscivo a crederci! Avevo trasformato il mio hobby in lavoro a soli venti anni!

Però, pian piano, mi rendevo conto che qualcosa non andava. Riuscivo tranquillamente a svolgere il mio compito, ma non avevo più voglia di innovarmi. *Nada, nisba, zero.* Nessuno se ne accorgeva, ma io sì. Che futuro può avere un programmatore che non si innova? Come fa a stare al passo con i tempi quando cambiano hardware e software? *In generale, come si può pensare di fare lo stesso lavoro per quarant'anni, quando dopo un paio già non ti piace più?*

Mi licenzia dall'azienda e cercai un'altra occupazione… trovai un'altra software house. E dopo un anno circa un'altra. Sembrava che fossi una calamita per quel lavoro! Nell'ultima azienda, però, non riuscivo più a sopportare questa situazione: parlai con il titolare e gli comunicai l'intenzione di lasciare. Era una persona molto intelligente e comprensiva, e mi chiese se non volessi comunque rimanere in altro ruolo, anche se solo temporaneamente. Lo ringraziai per tanta fiducia e continuai nella stessa azienda, ma nel settore della Qualità.

Durante quegli anni non avevo mai lasciato gli studi e mi laureai in Economia e Commercio. Si aprì la possibilità di fare il concorso per entrare in banca e ne parlai con il titolare, che mi disse: *Ma certo, prova! Ti può cambiare la vita!* Provai, anche se pensavo che non ce l'avrei fatta... ed invece andò bene. Alla fine, dopo un giro molto tortuoso, ero tornato al mio vero campo di interesse, quello economico/finanziario, lasciando definitivamente quello informatico. Ora non mi interessa neanche più formattare un computer: in caso di problemi porto tutto in assistenza. Non ho più scritto una riga di codice.

Perché ho raccontato tutto questo? *Perché ho vissuto sulla mia pelle cosa voglia dire trasformare una passione in lavoro.* A volte può andare benissimo, ma nel mio caso no. In passato ho pensato: *se non avessi lavorato nella programmazione, come sarebbe ora il mio rapporto con l'informatica?* Non avrò mai la risposta a questa domanda e, sinceramente, non mi interessa neanche. Mi è servito però come esperienza: anche ora ho una passione, cioè l'acquisizione di attivi, che non ho alcuna intenzione di far diventare il mio unico lavoro.

Quando una passione può generare sentimenti negativi? Ho già citato Liz Gilbert, autrice di *Mangia, Prega, Ama*. Ha scritto anche un altro libro per me fondamentale, *Big Magic*. In esso descrive la frustrazione di coloro che sono scrittori ma non riescono a vivere solo di quello, e sono costretti a fare anche altri lavori per mantenersi. Lei ha affrontato il problema in maniera diversa: ha mantenuto il lavoro mentre scriveva i primi libri. Non ha preteso che la sua passione fosse al suo servizio, fornendole il necessario per vivere: al contrario, si è messa lei al servizio della sua passione. *Non necessitava di un mecenate, era diventata la mecenate di se stessa.*

L'autrice parla anche di quelle persone che sono arrivate a vette altissime nel campo della scrittura e poi non hanno prodotto più nulla, perché pensavano che tutti i lavori successivi non potessero essere al livello del precedente. Erano bloccati. Riflettendoci, posso trasportare questo concetto in altri ambiti: ho conosciuto persone che, dopo essere arrivate ad un traguardo, come aver concluso un affare importante, aver vinto un premio ad una competizione sportiva, aver girato un film che è piaciuto molto alla critica, poi si sono fermate: temevano che, a causa di un eventuale insuccesso, avrebbero perso quell'alone di magia che li circondava (o di cui pensavano di essere circondati), e questo impediva loro di andare avanti in quel campo. Forse temevano di non essere più *considerati un genio.*

Cosa pensa al riguardo la Gilbert? Parla del *genio* nell'antica Roma: era uno spirito che permetteva di creare arte. Questo faceva sì che una persona non *fosse* un genio, ma *avesse* un genio con cui condividere meriti o responsabilità in caso di successo o fallimento. Solo con il Rinascimento, nel quale l'uomo venne portato al centro di tutto, *si smise di avere un genio e si iniziò ad essere un genio.*

Credo che questo concetto meriti di essere riportato in auge: aiuterebbe le persone a sentirsi meno sotto pressione, in ogni ambito.

Così come il genio, secondo la Gilbert anche le *idee* sono esterne a noi. Esse sono cose, entità che viaggiano libere e cercano qualcuno che le accolga. Vanno da diverse persone finché non trovano quella giusta che abbia le capacità, il tempo e la voglia di portarle a compimento. Noi cosa possiamo fare? *Accoglierle*. E se le accogliamo, ma poi le trascuriamo? *Potrebbero andare via*. Vi è mai capitato di avere un'ottima idea che vi ronzava in testa per un certo periodo ma, presi dalle occupazioni quotidiane, non avete potuto approfondirla? Cos'è successo? Spesso accade che questa se ne sia andata: più o meno è quello che avviene quando pensiamo di aver *perso l'ispirazione*. A volte poi sentite che un parente, un amico o un vicino ha avuto la stessa idea, portandola a compimento: ve l'ha copiata? Può essere, ma può essere stato anche che l'idea, stanca di attendere, se ne sia andata ed abbia trovato lui.

Sempre secondo la Gilbert questo spiegherebbe il fenomeno delle *scoperte indipendenti*, espressione utilizzata nel mondo scientifico quando due o più persone, che lavorano in parti diverse del globo, sviluppano la stessa idea contemporaneamente.

Non so a voi, ma anche se nulla di tutto questo ha basi scientifiche (non a caso il libro si chiama *Big Magic*), a me riesce contemporaneamente a farmi rilassare e a stimolarmi.

A farmi rilassare perché capisco che meriti o demeriti non sono solo miei, ma vanno condivisi, almeno nella misura del cinquanta per cento, con il genio.

A stimolarmi perché il genio o l'idea non vanno trascurati, ma coccolati e fatti sentire importanti. Mi sveglio presto al mattino per scrivere, dedico le pause pranzo alla lettura, ho deciso di utilizzare il bus per studiare il mercato degli immobili, i metalli preziosi, il self-help e tutto ciò che mi può servire per progredire.

Questo *impegno* può portare davvero a risultati? Sì, e questa volta la spiegazione *ha solidissime basi scientifiche*, come vedremo nel prossimo capitolo.

4.5 Grinta e perseveranza

Quanto incide il *talento naturale* e quanto *l'impegno* nella riuscita di un lavoro o nella realizzazione di un'idea? Al cinquanta per cento o un po' di più uno o l'altro?

Ormai da decenni ci sono studi in merito, ma forse uno dei contributi più importanti è quello della dottoressa Angela Duckworth, autrice del libro *Grinta*. È partita dalla sua esperienza di insegnante: alcuni studenti, che all'inizio del ciclo di studi sembravano particolarmente dotati, poi non hanno reso secondo le aspettative; altri che, invece, sembravano avere alcune difficoltà ad assimilare i concetti, alla lunga superavano i compagni più talentuosi. Come mai?

Studiando il legame fra impegno e riuscita, emerse che, in generale, coloro che ottengono i risultati migliori, indipendentemente dalla capacità di base, *sono quelli più perseveranti*, cioè che più si impegnano per rafforzare le loro qualità e smussare i punti di debolezza. Ipotizzò dunque questa relazione:

ABILITÀ = TALENTO x IMPEGNO

RIUSCITA = ABILITÀ x IMPEGNO

L'*impegno* lo troviamo sia nell'acquisizione dell'abilità (cioè il *saper fare*) che nella riuscita: *conta quindi il doppio.*

Mi è capitato spesso di avere conferme empiriche di quanto ipotizzato dalla dottoressa Duckworth. Spesso sentiamo nello sport di persone con classe e talento cristallini che, per mancanza di tenacia, non arrivano al top, rimanendo *eterne promesse*; anche negli studi e nel lavoro sono capitate esperienze simili.

Mi è successo lo stesso nel campo immobiliare.

L'aver acquisito appartamenti in condomini diversi mi ha portato anche a moltiplicare il mio impegno: più assemblee condominiali, più amministratori con cui parlare, più problemi. Avere solo un immobile in un condominio mi metteva nella difficile condizione di avere scarso potere decisionale, e l'essere l'ultimo arrivato non aiutava a superare questo problema.

Così ho deciso di invertire rotta: era necessario acquistare un maggior numero di quote in meno palazzi. Su questo argomento ci sono più teorie al riguardo: conviene differenziare o concentrare? Conviene avere le uova in più panieri o in uno solo?

Dalla mia esperienza avevo ricavato una lezione che poi ho visto essere consigliata da grandi investitori come Warren Buffett o Donald Trump, e cioè: *Metti tutte le uova in un solo paniere e sorveglialo bene.*

Quindi, dovevo cercare un palazzo su cui concentrarmi: tanto valeva farlo con il mio, dove avevo l'abitazione principale.

Riflettiamo: se ho un problema in un palazzo dove ho un solo appartamento affronto un grosso rischio con una piccola percentuale di proprietà: probabilmente il gioco non vale la candela ed alla fine mollo tutto, rimettendoci. Posso invece non affrontare un problema nel mio palazzo? Posso vendere tutto ed andare via? In teoria sì, in pratica non conviene. Cosa cambia affrontare un problema per un appartamento, per cinque o per sette? Davvero poco in termini di tempo, molto in termini di motivazione: devo impegnarmi perché tutto funzioni per la mia famiglia, i miei inquilini ed i condomini.

Il procedimento non è ancora concluso, ma almeno è iniziato. Credetemi, non è facile. Ci sono problemi con eredi, ipoteche, case con procedure concorsuali in corso. E anche quando le acquisisci, il lavoro è solo iniziato, non finito. L'inquilino ti può chiamare per un problema: a volte devi intervenire immediatamente, trascurando tutto ciò che stai facendo (che tu sia a lavoro o con la tua famiglia). In altri casi non è di tua competenza, e devi tentare di farlo capire alla controparte.

Sono tutte situazioni complicate, ma stimolanti. Secondo Harv Eker, investitore multimilionario ed autore del bestseller *I segreti della mente milionaria*, non ci sono problemi grandi, ma siamo noi piccoli: l'unico modo per affrontarli è crescere ed evolversi.

Poniamo il caso che veda un qualcosa di complesso: in una scala da uno a dieci gli attribuisco valore otto. Lo affronto, mi impegno, chiedo la consulenza di esperti e di persone che hanno già vissuto situazioni simili. Risultato? Durante il percorso il problema diventa di livello sette, poi quattro, poi non lo percepisco più come problema. Se dovesse capitare qualcosa di simile che valore gli darei? Zero. Il problema si è rimpicciolito? No, come diceva Eker, sono cresciuto io.

Perché ho scritto tutto questo in un capitolo partito dalla grinta? Perché quello che mi sta consentendo di arrivare dove altri non riescono non è il talento o le abilità di base, ma la perseveranza, l'aver affrontato i problemi che altri hanno preferito evitare, in alcuni casi perdendoci soldi o passando notti insonni.

Io sono un impiegato di banca, in teoria non avrei competenze specifiche nel campo immobiliare o delle ristrutturazioni, per cui il mio talento in quei settori può considerarsi basso. La costanza dell'impegno, però, mi ha consentito di rafforzare quei punti inizialmente deboli.

Quando poi riesco ad acquisire l'immobile mi sento dire: *Ma perché non mi hai avvisato? Erano anni che lo volevo!* Mi viene in mente la frase che mi dice spesso Giovanni, un lucidissimo ottantenne pieno di vita e di esperienza: *Chi vuole fa, chi non vuole delega.* Si vede solo il risultato, non il procedimento o il lavoro che c'è dietro. Chiedo: *Anni? Ma scusa, quante offerte hai presentato? Quante chiamate hai fatto? Hai inviato raccomandate?* Spesso non ricevo risposta.

Le parole diventano pensieri, i pensieri azioni, le azioni risultati. Se non c'è l'azione i risultati non possono arrivare.

5 Conclusioni

Se sei arrivato fino qui non posso che ringraziarti: l'avermi dedicato il tuo tempo, la cosa più preziosa che abbiamo, è per me un onore. Il grande Luciano De Crescenzo ha scritto: *Credo di essere una di quelle scalette con soli tre gradini, che si trovano nelle biblioteche e che consentono di prendere i libri dagli scaffali che stanno più in alto.* Io mi sento proprio così.

Spero di cuore che ti sia stato utile. Spero di averti mostrato un altro punto di vista. Indipendentemente da cosa sceglierai di fare, ti ho raccontato la mia esperienza, tuttora in evoluzione, fatta di piccoli passaggi:

- Comprensione che il mondo del lavoro non è quello dei nostri genitori o dei nostri nonni;
- Cambio di atteggiamento, mentalità ed abitudini;
- Trasformazione del reddito da lavoro in reddito da investimento;

- Acquisizione di veri attivi;
- Coraggio di contrastare il pensiero comune e lo status quo;
- Perseveranza nel continuare su questa strada.

Lo studio è essenziale ed è la prima fase. Leggi libri e frequenta corsi, in modo da aumentare la tua Intelligenza Finanziaria. Ma il solo studio non basta: saresti come un ragazzino che in teoria sa tutto del calcio (tecnica dello stop e del tiro, il dribbling eccetera) ma non ha mai toccato un pallone: *serve l'azione*!

Se non inizi, non arriverai mai al risultato. So che puoi avere enormi dubbi e paure, per questo è necessario continuare a formarsi, ma anche iniziare.

Continuando con il paragone calcistico, *oltre all'azione serve continuare ad allenarsi*: come abbiamo visto, l'impegno conta più del talento per raggiungere gli obiettivi.

Ti auguro ogni bene, professionale e familiare.

Alla tua felicità!

Mario

6 Ringraziamenti

Grazie ai miei insegnanti che, dandomi tutto quello che avevano dentro, mi hanno trasmesso l'amore per lo studio e la scrittura.

Grazie a mio padre Antonello, a mia madre Teresa e a mio fratello Marco che, insieme a mia moglie, mi hanno supportato con la lettura e la correzione della prima bozza di questo libro. Un grazie anche a mia sorella Marika e ai miei cognati Francesco e Miriam, che non smettono mai di sostenermi. Un bacio alle mie due splendide nipotine, Chiara ed Ilaria, che ogni giorno ci portano allegria e spensieratezza.

Grazie alla mia famiglia acquisita, a mia suocera Franca e ai miei cognati Donatella, Mimma e Mirko, Francesco e Veronica. Gino, avrei tanto voluto conoscerti: ci incontreremo fra cent'anni, e sarà come se ci conoscessimo da sempre.

Grazie ai miei zii ed ai miei cugini, fra i primi a sapere di questo libro, per l'incoraggiamento che mi hanno dato. In particolare grazie alla mia madrina, zia Mimma, per la sua presenza costante, anche se lontana fisicamente centinaia di chilometri.

Grazie ai miei colleghi, il continuo confronto con loro mi permette di crescere.

Grazie ai clienti che, raccontandomi le loro storie di vita, mi permettono di entrare in mondi ed ordini di idee che mi sarebbero altrimenti inaccessibili.

Grazie al mio gruppo di amici, a molti dei quali sono legato da oltre venti anni, per aver condiviso con me l'emozione di questo e di altri momenti.

Grazie al fotografo Paolo Fiusco per la realizzazione della copertina.

Ma soprattutto, grazie a voi, Simona e Sofia: senza la vostra ispirazione non farei nulla di quello che sto realizzando. Il vostro amore mi permette di svegliarmi sempre con tanta voglia di fare. Grazie per rendere ogni giorno più bello del precedente.

7 Un saluto speciale

L'affetto, la dedizione al lavoro, l'amore con cui parlavi della tua famiglia: sei stato un esempio per chiunque abbia avuto la fortuna di incontrarti e lavorare con te.

Il tuo sorriso continua ad essere con noi, anche ora che non ci sei più.

Quando ci rincontreremo proverò a raccontarti quello che è successo, ma tu saprai già tutto, perché non smetti di vegliare su chi vuoi bene.

Grazie per tutto quello che ci hai donato.

Per il mio collega Cataldo

Mario Tardiota (Taranto, 21.09.1984) ha da sempre la passione per gli investimenti immobiliari.

Dopo essersi diplomato come Ragioniere Programmatore (2003), ha conseguito le lauree sia nel ramo economico (Economia e Commercio nel 2006 e Consulenza Professionale per le Aziende nel 2009) che giuridico (Operatore dei Servizi Giuridici nel 2015), presso l'Università degli Studi di Bari, sede di Taranto.

Dal 2004 al 2007 ha lavorato come programmatore, da quella data ad oggi come impiegato di banca.

Sposato con Simona dal 2017, nel 2018 è nata Sofia.

9 Bibliografia

Libertà finanziaria e investimenti

Bardolla A., ed. 2014, *I soldi fanno la felicità*, Pickwick, Milano

Clason G. S., ed. 2019, *L'uomo più ricco di Babilonia*, Gribaudi, Milano

DeMarco MJ, 2014, *Autostrada per la ricchezza*, Libreria Strategica Edizioni, Bellaria

Eker T. H., ed. 2019, *I segreti della mente milionaria*, Gribaudi, Milano

Gaiolini R., D'Ettorre A., 2016, *Investire in argento fisico*, Gribaudi, Milano

Gatti G., 2018, *Rivoluzione immobiliare*, Mondadori, Milano

Maloney M., 2009, *Guida per investire nell'oro e nell'argento*, Gribaudi, Milano

McElroy K., ed. 2018, *Real Estate*, Gribaudi, Milano

Kiyosaki R. T., ed. 2017, *Padre ricco padre povero*, Gribaudi, Milano

Bibliografia

Kiyosaki R. T., ed. 2018, *I quadranti del cashflow*, Gribaudi, Milano

Kiyosaki R. T., 2006, *Guida agli investimenti*, Gribaudi, Milano

Kiyosaki R. T., 2017, *Il grande libro del real estate*, Gribaudi, Milano

Ramsey D., 2020, *Libertà finanziaria*, Alise Editore, Milano

Trump D. J., ed. 2016, *Pensa in grande e manda tutti al diavolo*, Rizzoli ETAS, Firenze

Trump D. J., Kiyosaki R. T., 2007, *Perché vogliamo che tu sia ricco*, Gribaudi, Milano

Psicologia

Duhigg C., ed. 2017, *Il potere delle abitudini*, TEA srl, Milano

Duckwort A., ed. 2019, *Grinta*, Giunti, Firenze

Goleman D., ed. 2020, *Intelligenza emotiva*, BUR Rizzoli, Milano

Biografie ed autobiografie

Clark D., 2017, *Alibaba – La storia di Jack Ma e dell'azienda che ha cambiato l'economia globale,* Hoepli, Milano

Isaacson W., ed. 2019, *Steve Jobs,* Mondadori, Milano

Knight P., ed. 2019, *L'arte della vittoria,* Mondadori, Milano

Kroc R., 2017, *La vera storia del genio che ha fondato McDonald's,* New Compton Editori, Roma

Stone B., ed. 2018, *Vendere tutto – Jeff Bezos e l'era di Amazon,* Hoepli, Milano

Vance A., 2017, *Elon Musk – Tesla, SpaceX e la sfida per un futuro fantastico,* Hoepli, Milano

Motivazionali e comportamentali

Berckhan B., 2014, *Piccolo manuale per non farsi mettere i piedi in testa,* Feltrinelli, Milano

Carnegie D., 2016, *Come trattare gli altri e farseli amici,* Bompiani, Milano

Hill N., ed. 2019, *Pensa e arricchisci te stesso*, Gribaudi, Milano

Robbins A., ed. 2017, *Come ottenere il meglio da sé e dagli altri*, Giunti Editore, Firenze

Rohn J., 2014, *Le stagioni del successo*, Gribaudi, Milano

Ziglar Z., ed. 2018, *Ci vediamo sulla cima*, Gribaudi, Milano

Riflessioni

Brown B., ed. 2017, *I doni dell'imperfezione*, Ultra, Roma

Gilbert E., ed. 2010, *Mangia Prega Ama*, Rizzoli, Milano

Gilbert E., 2016, *Big Magic*, Rizzoli, Milano

Ware B., ed. 2019, *Vorrei averlo fatto*, My Life, Coriano

www.ingramcontent.com/pod-product-compliance
Lightning Source LLC
Chambersburg PA
CBHW070651220526
45466CB00001B/393